Brujería y Druidismo

Una guía sobre la adivinación, la hechicería, el paganismo celta, el druidismo, el animismo, la magia popular y los rituales de los druidas solitarios

© Copyright 2024

Todos los derechos reservados. Ninguna parte de este libro puede ser reproducida de ninguna forma sin el permiso escrito del autor. Los revisores pueden citar breves pasajes en las reseñas.

Descargo de responsabilidad: Ninguna parte de esta publicación puede ser reproducida o transmitida de ninguna forma o por ningún medio, mecánico o electrónico, incluyendo fotocopias o grabaciones, o por ningún sistema de almacenamiento y recuperación de información, o transmitida por correo electrónico sin permiso escrito del editor.

Si bien se ha hecho todo lo posible por verificar la información proporcionada en esta publicación, ni el autor ni el editor asumen responsabilidad alguna por los errores, omisiones o interpretaciones contrarias al tema aquí tratado.

Este libro es solo para fines de entretenimiento. Las opiniones expresadas son únicamente las del autor y no deben tomarse como instrucciones u órdenes de expertos. El lector es responsable de sus propias acciones.

La adhesión a todas las leyes y regulaciones aplicables, incluyendo las leyes internacionales, federales, estatales y locales que rigen la concesión de licencias profesionales, las prácticas comerciales, la publicidad y todos los demás aspectos de la realización de negocios en los EE. UU., Canadá, Reino Unido o cualquier otra jurisdicción es responsabilidad exclusiva del comprador o del lector.

Ni el autor ni el editor asumen responsabilidad alguna en nombre del comprador o lector de estos materiales. Cualquier desaire percibido de cualquier individuo u organización es puramente involuntario.

Su regalo gratuito

¡Gracias por descargar este libro! Si desea aprender más acerca de varios temas de espiritualidad, entonces únase a la comunidad de Mari Silva y obtenga el MP3 de meditación guiada para despertar su tercer ojo. Este MP3 de meditación guiada está diseñado para abrir y fortalecer el tercer ojo para que pueda experimentar un estado superior de conciencia.

https://livetolearn.lpages.co/mari-silva-third-eye-meditation-mp3-spanish/

Índice

PRIMERA PARTE: BRUJERÍA DEL CERCO 1
   INTRODUCCIÓN 2
   CAPÍTULO 1: ¿QUÉ ES LA BRUJERÍA DEL CERCO? 4
   CAPÍTULO 2: LA MENTE DEL BRUJO Y OTRAS HERRAMIENTAS DE LA BRUJERÍA 13
   CAPÍTULO 3: DEIDADES CON LAS QUE PUEDE TRABAJAR 20
   CAPÍTULO 4: LOS VUELOS MÁGICOS Y EL OTRO MUNDO 28
   CAPÍTULO 5: ALIADOS ESPIRITUALES Y CÓMO ENCONTRARLOS 36
   CAPÍTULO 6: HIERBAS, PLANTAS Y ÁRBOLES MÁGICOS 47
   CAPÍTULO 7: ADIVINACIÓN DEL CERCO 54
   CAPÍTULO 8: MAGIA DE COCINA 63
   CAPÍTULO 9: *SABBATS* Y RITUALES SAGRADOS 71
   CAPÍTULO 10: SU LIBRO DE HECHIZOS 80
   CONCLUSIÓN 91
SEGUNDA PARTE: DRUIDISMO DEL CERCO 93
   INTRODUCCIÓN 94
   CAPÍTULO 1: DEL DRUIDISMO AL DRUIDISMO DEL CERCO 96
   CAPÍTULO 2: EL *AWEN* Y LA COSMOLOGÍA CELTA 105
   CAPÍTULO 3: ABRIR LA MENTE A LA NATURALEZA 115
   CAPÍTULO 4: CONOZCA A SUS ALIADOS ESPIRITUALES 124
   CAPÍTULO 5: VIAJE AL OTRO MUNDO 134
   CAPÍTULO 6: HIERBAS, PLANTAS Y ÁRBOLES SAGRADOS 144
   CAPÍTULO 7: LECTURA DEL ALFABETO ARBÓREO 148

CAPÍTULO 8: ADIVINACIÓN OGHAM 159

CAPÍTULO 9: DÍAS SAGRADOS Y CÓMO CELEBRARLOS POR SU CUENTA 165

CAPÍTULO 10: HECHIZOS Y RITUALES 175

CONCLUSIÓN 183

VEA MÁS LIBROS ESCRITOS POR MARI SILVA 185

SU REGALO GRATUITO 186

REFERENCIAS 187

Primera Parte: Brujería del cerco

Guía de la bruja solitaria sobre adivinación, hechicería, paganismo celta, rituales y magia popular

Introducción

¿Se ha preguntado alguna vez cómo sería practicar la brujería del cerco? Según el folclore tradicional, las brujas del cerco utilizan ingredientes rápidos y fáciles de encontrar en las cocinas de la mayoría de la gente para crear y lanzar hechizos con diversos fines. Las brujas del cerco, también reconocidas por su astucia, existen desde hace siglos y llevan a cabo sus prácticas mágicas sin que nadie las supervise o les enseñe. A menudo llamada «el conocimiento de la mujer sabia», la brujería del cerco se basa en el folclore y abarca varias tradiciones mágicas.

La brujería del cerco puede ser utilizada por cualquiera que tenga interés en la magia, ya sea principiante o experimentado. Cualquiera que desee aumentar su capacidad mágica encontrará muchos usos para esta poderosa forma de magia. Sin embargo, este libro no está abierto a cualquiera que desee utilizar la brujería de forma peligrosa o hacer daño a los demás. Debe asegurarse de que sólo utilizará la brujería para el bien, lo que significa seguir las instrucciones escritas y establecer intenciones positivas. ¿Por qué? Porque cualquiera puede utilizar las herramientas de la brujería del cerco para dañar a otra persona si no sigue las reglas y entiende exactamente lo que está haciendo.

La brujería del cerco tradicional utiliza amuletos, encantamientos y remedios herbales para lograr objetivos. Sin embargo, no existen reglas específicas para la práctica de la brujería del cerco. Muchos tradicionalistas practican solos o con un grupo de compañeros. El propósito de este libro es proporcionar una base sólida para aquellos que buscan un mayor desarrollo personal mediante la práctica de la brujería tradicional. Si ya es practicante, en este libro obtendrá aún más información sobre este arte. Nada en este libro es intimidante o difícil de aprender. Obtendrá todas las herramientas que necesita para empezar, incluyendo listas de materiales básicos necesarios. Con estas listas y siguiendo las sencillas instrucciones, cualquiera puede practicar la brujería del cerco.

El misticismo tras la práctica de la brujería del cerco es sencillo pero eficaz. El uso de hierbas domésticas comunes, como la salvia y el tomillo, evoca los efectos místicos de la magia que antaño se practicaba comúnmente en Europa. Aunque estos métodos parecen bastante primitivos en el mundo actual, muchas personas siguen practicándola con estas pautas. A diferencia de otros libros sobre este tema, éste está escrito en un español sencillo, lo que facilita su comprensión. Las instrucciones son directas, con un enfoque paso a paso que le lleva de la mano y guía a través de lo que necesita hacer para lograr sus objetivos con la brujería del cerco. Como resultado, podrá practicar lo que aprenda en este libro con la confianza de un experto. Aprenderá sobre las raíces de la práctica de la brujería del cerco, los conceptos que hay detrás de ella, hechizos y encantamientos para diferentes propósitos como el amor, la protección, la curación, etc. Aquí no sólo descubrirá qué ingredientes necesita para realizar cada hechizo o ritual, sino que también sabrá para qué sirve cada uno. Si está listo para comenzar su viaje, entremos en materia.

Capítulo 1: ¿Qué es la brujería del cerco?

Practicar la brujería del cerco es como canalizar información de la naturaleza, de la Tierra misma. El practicante de la brujería del cerco puede sintonizarse con los ciclos naturales y las energías que no encontramos en la sociedad cotidiana. El practicante de la brujería del cerco se convierte en parte de su entorno de forma más sutil, dando a su percepción un impulso empático y la capacidad de estar más conectado con su entorno.

Este arte abarca aspectos de la magia verde, la magia de cocina y la magia popular, junto con el trabajo con espíritus, el animismo y el paganismo celta. Así que, sin más preámbulos, vamos a entrar en estos temas, para que pueda obtener una mejor comprensión de lo que es la brujería del cerco.

Magia Verde

Como su nombre indica, esta magia trabaja con plantas, cristales, gemas y sus energías. Puede utilizarlos como una forma de terapia para el espíritu o intenciones mágicas. La bruja verde siempre trabaja con hierbas y está muy en contacto con la naturaleza. La idea es que hay poder en el color verde, ya que es uno de los colores más abundantes de la Madre Naturaleza. Es útil para la curación y la abundancia.

Las brujas verdes trabajan con hierbas
https://unsplash.com/photos/kcvRHtAyuig?utm_source=unsplash&utm_medium=referral&utm_content=creditShareLink

La bruja verde seguirá un conjunto de valores alineados con la naturaleza y la Tierra. Quienes practican esta forma de magia suelen estar en estrecho contacto con su fuerza vital energética y celebran rituales y ritos con regularidad. Trabajan con la adivinación, la herboristería y la curación, pues creen que las plantas tienen una energía específica, al igual que los cristales. Por ejemplo, la luna, el sol y los planetas son fuentes de energía todopoderosas. Quien practica la magia verde cree que todas estas energías están activas y que cuanto más pueda conectar con ellas, mejor se sentirá.

Las brujas verdes creen en el poder de las flores. Se toman muy en serio la maravilla de las flores y los brotes y trabajan con ellas regularmente para encontrar el equilibrio y la paz. La bruja verde utilizará a menudo el poder de las flores durante la curación y también las utilizará durante las ceremonias mágicas.

La magia verde se centra en la naturaleza, la Tierra y todo lo que ofrece. Los seguidores creen en trabajar con la Madre Naturaleza, celebrarla, ayudarla cuando lo necesita y trabajar junto a ella para lograr el equilibrio.

Magia de cocina

La magia de la cocina implica todo lo relacionado con la cocina y los fogones. Es una fusión de cocina y brujería. Toda la práctica gira en torno a la comida y a cómo se pueden combinar diferentes ingredientes para producir efectos mágicos. Cada especia y hierba utilizada en la cocina tiene un efecto muy real en nuestras energías, y la bruja de la cocina sabe cómo combinarlas y amplificarlas para ayudar a los que comen de su mesa.

Para sentir el poder de la magia de la cocina, debe incluir en su cocina todas las cosas que le agradan y le hacen feliz. Debe incluir ingredientes complementarios a lo que cocina, para que saquen lo mejor de la comida. Es curioso cómo algunas personas no valoran su cocina tanto como deberían, y mucho menos el proceso de alimentarse a sí mismas o a los demás. Hacer una comida desde cero con sus propias manos puede ser muy mágico, y aún mejor es disfrutar de las obras de sus manos o del hecho de que los demás se alimenten gracias a su trabajo, física y espiritualmente. En otras palabras, la magia en la cocina es un arte que fomenta la atención plena, y la atención plena es un estado que permite que el poder de la magia sea aún más pronunciado.

El objetivo de esta práctica es ser capaz de crear armonía en su propia casa. Debe ser capaz de conectar con las personas que comen en su mesa y hacer que se sientan como en casa. Para practicar esta forma de magia, necesita estar en casa con su cocina y los ingredientes que tiene, asegurándose de estar siempre abastecido para cualquier necesidad mágica que pueda tener.

Es útil tener un altar en la cocina para esta práctica. Podría considerar el fogón de la cocina igual que el hogar histórico, donde toda bruja de cocina preparaba su comida. Necesita un altar portátil; en él, puede poner su vela, su caldero, una estatua de su diosa o lo que quiera. También es esencial que el espacio de la cocina se mantenga limpio, no sólo física, sino espiritualmente. Es fácil pensar que basta con pasar un trapo y ya está. En realidad, necesita usar salvia para mantener el lugar espiritualmente limpio.

Supongamos que va a practicar brujería de cocina. En ese caso, puede ser tan sencillo como infundir intenciones mágicas en cada momento de la preparación de la comida. Por ejemplo, puede tener la intención de que cada ingrediente que toque genere amor, curación o abundancia para quienes disfruten de la comida. También puede hacer que las personas que le rodean participen en la magia pidiéndoles que establezcan intenciones para la comida que ha preparado antes de que todos se pongan a comer. Cada cucharada de comida podría utilizarse como un ritual mágico para ayudarle a manifestar sus deseos.

Magia popular

Este es el tipo de magia de la gente corriente, y no se parece en nada a la magia ceremonial asociada a lo que se considera de «élite». Se trata de una forma de magia muy práctica, y su intención es ocuparse de cosas sencillas como atraer más amor y suerte a la vida, curar, alejar las malas energías de usted y de sus seres queridos, ayudarle a conseguir abundancia, fertilidad o encontrar lo que ha perdido, así como ser capaz de reconocer presagios. Los rituales que se realizan en este tipo de magia son sencillos y en ellos intervienen materiales como madera, plantas, cordeles, plumas, clavos, animales, hierro, cáscaras de huevo, cauri, etcétera.

Es importante señalar que la magia popular es practicada por culturas y tradiciones específicas. Con reglas específicas sobre cómo debe interactuar con el mundo. La magia popular tiene muchos elementos que otros tipos de magia toman prestados y, como resultado, puede ser confuso intentar diferenciarla de otras formas de magia. Sin embargo, todo proviene de las mismas prácticas ancestrales, que pueden adaptarse a lo que necesite. La magia popular no está vinculada a una religión concreta y no existe un panteón de dioses específicos a los que haya que rendir culto. Tampoco es necesario adherirse a un conjunto específico de creencias. Por lo tanto, puede ser budista o ateo y practicar esta forma de magia y obtener resultados fenomenales.

La magia popular tiene que ver con la tradición sagrada. El término «tradición sagrada» es uno de los nombres más comunes que se dan a las creencias, costumbres y prácticas tradicionales que son importantes para las personas de una sociedad. Se transmiten de generación en generación y la gente suele recurrir a ellas en busca de guía, sabiduría y consuelo cuando lo necesita. Este tipo de magia contempla el mundo que nos rodea como pequeños detalles y crea una red de seguridad a partir de ellos. Verá que pequeños gestos simbólicos tienen un enorme impacto en su vida.

El trabajo con los espíritus

Es un poco difícil de explicar, pero este es el nombre que hemos dado a la práctica de conectar con las energías espirituales que nos rodean. Trabajamos con aspectos específicos de estas energías y entidades. Aunque parece bastante abstracto, tiene efectos en el mundo real de las personas a diario.

La idea es que conecte con las energías espirituales de su vida. Todo el mundo experimenta estas energías en un grado u otro, pero no todo el mundo se centra en ellas. La energía espiritual forma parte de todo y fluye a nuestro alrededor. ¿Sabe cuándo está en un buen momento y se siente bien? Eso es porque hay energía espiritual a su alrededor que está alineada, haciendo que las cosas vayan bien. El trabajo espiritual le permite aprovechar esta energía en lugar de esperar y desear que las cosas empiecen a ir como usted quiere. Puede aprovechar la energía y canalizarla hacia cualquier resultado del mundo real que quiera conseguir.

El trabajo espiritual implica estar en contacto con los espíritus para hacer magia. Significa trabajar con practicantes espirituales como brujas y chamanes, ya que pueden atravesar los reinos entre mundos que no podemos detectar con nuestros ojos físicos. Los wiccanos también trabajan con espíritus lanzando círculos mágicos para contactar con ellos y conseguir su ayuda. En cuanto a las brujas, no necesitan círculos mágicos. Los médiums son los que ponen el trabajo espiritual al alcance de las masas, ayudando a la gente normal a contactar con los espíritus de sus seres queridos que han fallecido o con otros seres que no existen en nuestro mundo. Esta forma de magia es algo que se hizo más popular a medida que el espiritismo se generalizaba entre 1840 y 1930.

El trabajo con espíritus también se conoce como nigromancia, que significa conjurar a los espíritus de los que han fallecido para aprender sobre el futuro o cómo cambiar las cosas para mejor. Estos espíritus pueden prestarnos sus energías y conocimientos para ayudar al practicante de magia a realizar sus hechizos y rituales y obtener resultados reales de su trabajo. Para algunos practicantes, se trata de ordenar a los espíritus que hagan lo que ellos quieren. Para otros, se trata de desarrollar una relación con estas entidades y solicitar respetuosamente su ayuda a cambio de ofrendas.

Animismo

La idea que subyace al animismo es que todo tiene su espíritu. No importa si se considera que la cosa está viva o no. Todo tiene una esencia con la que se puede interactuar. El animismo es integral cuando se trata de espiritualidad. Cada cosa y cada lugar tienen su propio espíritu, que está conectado con el espíritu de todas las demás cosas y personas que los rodean. Forma el núcleo de diversas creencias, prácticas y formas de magia. El animismo se remonta a la era paleolítica.

La palabra «animismo» procede del latín anima, que significa «vida, espíritu o aliento»; es el poder animador que reside en todas las cosas y todos los seres. Cuando se habla de animismo, la idea es que puede recurrir a los espíritus de las rocas, las montañas, los ríos, el arte, los animales, las plantas y demás para realizar su trabajo mágico. La idea de que todo posee un espíritu es muy común fuera del mundo occidental, que no tiene una palabra específica que connote la idea. Se da por sentado que todas las cosas están animadas y que la fuerza vital de su interior puede activarse para cumplir las órdenes de uno.

El animismo llega a afirmar que las palabras y las ideas también están imbuidas de su fuerza vital. Por lo tanto, esta escuela de pensamiento sostiene que cosas como su nombre o el nombre de su ciudad natal podrían tener un efecto muy real en su vida, para bien o para mal.

Paganismo celta

Los celtas de la Edad de Hierro crearon una forma única de espiritualidad que mezclaba elementos paganos y cristianos. Fueron los primeros «paganos» en convertirse al cristianismo por influencia de los misioneros de Iona (Escocia), pero muchas de sus historias y tradiciones ya habían desaparecido.

El paganismo celta es politeísta, lo que significa que adoran y hacen sacrificios a más de un dios. Muchos dioses menores pueden estar relacionados con los dioses más importantes. El pueblo celta utilizaba muchos de los mismos símbolos religiosos que los pueblos de otras partes del mundo, pero cada grupo tenía sus propias variaciones.

Celta es un adjetivo, no un sustantivo, que describe a un grupo de personas que vivieron en Europa antes y durante la época clásica. Hablaban lenguas celtas y rendían culto a deidades similares a las de otras zonas con población celta.

Los celtas se extendían por una amplia zona geográfica y sus tradiciones religiosas eran muy variadas. Sin embargo, había algunos puntos en común. Las prácticas religiosas celtas incluían ofrendas a los espíritus de la naturaleza y a los antepasados cuando pedían ayuda para curar enfermedades y obtener prosperidad. Utilizaban la adivinación para conocer la verdad cuando era necesario y celebraban festivales dedicados a los distintos dioses.

¿Qué es la brujería del cerco?

La brujería del cerco es uno de los caminos paganos más populares. Hay muchas ideas sobre lo que significa ser una bruja del cerco, pero su principal característica es que requiere muchas hierbas y una fuerte conexión con la naturaleza. También puede hacer trabajos mágicos con sus diosas y dioses preferidos como bruja del cerco. Puede actuar como chamán y curandero o incluso afectar al clima. Eso es lo que tiene ser una bruja del cerco. Es una mezcla de todas las otras formas de magia que hemos cubierto.

Profundicemos un poco en la historia de esta forma de brujería porque, en su mayor parte, quienes la practican lo hacen para honrar el pasado. Históricamente, las brujas solían ser mujeres y no vivían en la comunidad de aldeanos. En su lugar, vivían en los márgenes, normalmente al otro lado de los matorrales. Los matorrales eran un divisor importante porque, a un lado, se veía la típica vida de pueblo o civilización de entonces, pero al otro lado, era completamente diferente. Al otro lado vivía lo desconocido, todo lo que los aldeanos consideraban salvaje.

Las brujas del cerco actuaban como curanderas, auxiliando a aquellos que necesitaban ayuda con alguna enfermedad o herida. También eran bastante astutas en sus formas. Como parte de su trabajo, también se tomaban su tiempo recogiendo plantas y hierbas esenciales de los bosques profundos y los setos.

La brujería del cerco era un oficio que en aquel entonces se practicaba en solitario. Tampoco estaba separada de la vida cotidiana, en el sentido de que incluso pequeños actos como limpiar la casa o preparar una buena taza de té se consideraban un proceso mágico, ya que se podían imbuir de intenciones con lo que se quería manifestar. La bruja del cerco de entonces aprendía su oficio de otras personas de la familia que llevaban tiempo practicándolo y lo habían perfeccionado con la práctica. A veces oirá que a la brujería del cerco se le llama brujería verde. En todo momento, puede ver mucha influencia de la magia popular.

Al igual que la brujería de cocina, la brujería del cerco gira principalmente en torno al hogar. El hogar es su lugar de origen y representa el sentido de la estabilidad. En su hogar, se siente arraigado. Su hogar tiene una energía única, que afecta a la familia y a los visitantes, que dejan su propia huella energética.

Como la brujería del cerco gira en torno al hogar, está fuertemente arraigada al mundo natural. Esto significa que debe hacer un poco de magia con hierbas, incluyendo trabajos de aromaterapia. A menudo, la brujería del cerco implica el uso de plantas y hierbas que ha cultivado con sus propias manos. Es probable que las haya procesado por su cuenta, secando lo que necesite y almacenándolas de una forma que le funcione. Habrá estudiado todas sus hierbas, entendido sus energías y aprendido a mezclarlas para que funcionen. Durante todo este tiempo, un verdadero brujo también toma notas en un grimorio especial para poder consultar la información más tarde y no confundir las cosas.

Ventajas de practicar la brujería del cerco

Una ventaja de practicar la brujería del cerco es que no requiere ningún entrenamiento formal o iniciación. Una persona puede ponerse su primer sombrero de brujo y empezar a practicar la brujería del cerco inmediatamente si quiere. La gente también dice que ser autodidacta les ayuda a identificarse con sus habilidades más que aprender de otra persona, haciendo que se sientan más cómodos experimentando con lo que aprenden.

Otra ventaja de practicar la brujería del cerco es que permite al practicante aprender sobre brujería sin tener que escandalizar a sus amigos y familiares hablándoles de sus creencias. También les permite aprender sobre la brujería sin unirse a un aquelarre o asistir a clases de brujería.

Algunos dicen que practicar la brujería del cerco también tiene sus desventajas, sobre todo cuando se hace en solitario. Dicen que tienen sentimientos encontrados sobre algunas de las prácticas que llevan a cabo porque no están familiarizadas con lo que otras brujas piensan que está bien o mal y porque todo lo que han aprendido lo han sacado de libros, revistas, páginas web o experiencias de otras personas. Pero lo bueno de este arte es que no puede equivocarse siempre que conozca los principios básicos y sus intenciones sean claras y puras.

¿Cómo puede la brujería del cerco cambiar su vida para mejor? Es genial para ayudarle a despejar distracciones y a tomar las riendas de su vida. También es buena para permitirle ser más preciso y exacto en sus habilidades al aprender a sentir la energía que le rodea y ajustarla con la propia.

Algunas personas dicen que las mejores cosas que han logrado en la vida han llegado después de empezar a practicar la brujería del cerco, gracias en gran parte a utilizar el arte de forma más eficaz, desarrollar una mejor intuición sobre las personas y las situaciones, y el crecimiento personal.

¿Es una bruja del cerco?

1. ¿Le atraen las hierbas?
2. ¿Ha sentido alguna vez una conexión con las plantas?
3. ¿Tiene la sensación de que puede hacer magia con las plantas y las hierbas?
4. ¿Siente una fuerte conexión con la naturaleza?
5. ¿Se siente fatal si lleva tiempo sin salir a la naturaleza?

Si ha respondido afirmativamente al menos a tres de estas cinco preguntas, la brujería del cerco podría ser para usted.

Capítulo 2: La mente del brujo y otras herramientas de la brujería

La mente es la herramienta más importante para practicar la brujería. De hecho, la mente confiere a todas las demás herramientas su poder y eficacia. Como resultado, la disciplina mental es crucial para la práctica de la brujería del cerco. La disciplina mental permite a los individuos perfeccionar sus habilidades psíquicas, de modo que puedan conectar más eficazmente con el mundo natural y obtener resultados positivos en la vida, al tiempo que alejan las influencias dañinas de quienes les rodean.

¿Qué es la mente?

La mente es la conciencia de un individuo. Se conecta e interactúa con el universo y todo lo que hay en él, incluidas otras personas, animales, naturaleza, espíritus, dioses, diosas, etc. Con la práctica, los individuos pueden mejorar la conexión con su mente y la capacidad de ésta para reconocer las conexiones existentes. De este modo, pueden desarrollar una nueva comprensión de sí mismos dentro del mundo que les rodea y aprender a controlar diversas situaciones y acontecimientos que, de otro modo, estarían fuera de su influencia. Para los brujos del cerco, la mente es una herramienta poderosa y útil que debe utilizarse para mejorar uno mismo y a los demás.

¿Cómo puedo desarrollar mi mente?

Hay muchas prácticas que una persona puede realizar para desarrollar su mente. El enfoque más básico es meditar o utilizar algún otro tipo de ejercicio de concentración en el que se quede completamente quieto y luego se centra en sus pensamientos, aquietando así la mente. Atención plena y meditación son dos conceptos muy diferentes que pueden practicarse para obtener muchos beneficios.

La práctica de la atención plena permite a una persona ser consciente del momento, de las interacciones que tienen lugar y de sus pensamientos y emociones. La práctica de la atención plena le ayuda a aprender a reconocer sus estados físicos y emocionales, conectando más con ellos. Practicar la atención plena también podría ayudarle a controlar sus emociones, lo que puede ser una poderosa ventaja a la hora de curar o restaurar a otras personas.

La meditación es la práctica de aquietar los pensamientos y concentrarse en una cosa, normalmente un cristal o la llama de una vela. La meditación relaja la mente y permite a las personas centrarse en el trabajo que están tratando de hacer. La meditación también puede ayudar a los individuos a fortalecer sus habilidades psíquicas al aumentar su claridad mental. Conectar cuando los pensamientos confusos o caóticos no están bombardeando su mente es más fácil.

Se dice que la mente humana tiene dos partes complementarias. Una parte del cerebro se utiliza para la lógica y el análisis, que ayuda a procesar la información para tomar decisiones acertadas. La otra parte del cerebro se ocupa de los sentimientos, los recuerdos, los instintos y la intuición. Puede utilizar una mayor porción de una o de ambas partes entrenando su mente, dependiendo de su objetivo. Dirigir sus pensamientos hacia el interior y conectar con la parte de los sentimientos de su mente puede mejorar sus habilidades psíquicas y sus relaciones con los demás.

Ser consciente de sus pensamientos y emociones y conectar con las emociones que le hacen sentir bien puede ayudarle a superar los sentimientos negativos de experiencias pasadas. Esto puede ser beneficioso porque las experiencias negativas del pasado a menudo se basan en sentimientos de soledad, miedo o inseguridad y pueden desencadenar los mismos sentimientos en usted de nuevo. Necesita tener un estado de ánimo positivo si quiere lograr sus objetivos a través de la brujería del cerco. Un estado de ánimo positivo le permite estar más conectado con la vida. A su vez, esto puede ayudarle a ser consciente de las oportunidades que a menudo los demás pasan por alto, lo cual es esencial cuando se trabaja con la brujería del cerco.

Cómo adquirir la mentalidad adecuada

1. **Medite:** Concéntrese en su respiración y en nada más durante unos cinco o diez minutos al día. Cuando su mente divague (y lo hará), simplemente alégrese de haberse dado cuenta y vuelva a centrar su atención en la respiración. Hágalo tantas veces como se distraiga. Mejorará en esto cuanto más practique, y pronto será muy fácil entrar en un estado zen sin necesidad de mucho tiempo o esfuerzo.

2. **Pase tiempo en la naturaleza:** Tómese tiempo para disfrutar de la naturaleza a diario, aunque sólo sean cinco minutos. Disfrute de los aromas, de la sensación del aire contra su piel, escuche los sonidos y observe las plantas y los árboles (o, en mi caso, escuche a los pájaros). Cada día descubrirá que necesita menos tiempo en la naturaleza. Y cuando pase tiempo en la naturaleza, asegúrese de tener una actitud positiva hacia lo que ve. Cuando su mente se centra en la apreciación y la belleza, su actitud seguirá el mismo camino. También debería probar caminar descalzo por el suelo, le centrará.

3. **Disfrute de los aspectos positivos de su vida:** Disfrute de las cosas que le hacen feliz. Ya sea dormir hasta tarde, un baño meditativo, un buen entrenamiento o simplemente leer un buen libro, tómese tiempo para disfrutar y apreciar estas cosas. Sepa que siempre pueden estar ahí; tiene suerte de tenerlas.

4. **Tómese tiempo para usted:** Tómese al menos un día a la semana en el que no tenga que preocuparse por su trabajo, las finanzas, las facturas o cualquier otro estrés. Dese la libertad de pasar esas horas durmiendo, dando un paseo por la naturaleza o simplemente disfrutando de una taza de café y leyendo un libro.

5. **Siga sus pasiones:** Realice actividades que le gusten y siéntase bien mientras las hace. Encuentre una afición que pueda practicar toda la vida. Verá que lo disfrutará más y que hacerlo le aportará alegría, del mismo modo que cualquier otra cosa que le haga feliz.

Herramientas necesarias en la brujería del cerco

No hace falta que se arruine para conseguir estas herramientas. Cuando conozca el propósito de cada una, puede trabajar con materiales normales de su casa. Por ejemplo, puede utilizar una olla dedicada a su magia en lugar de un caldero. Si quiere comprar herramientas específicamente diseñadas para el oficio, pero no quiere gastar demasiado, eche un vistazo a Craigslist o eBay.

El caldero: Una olla grande (a menudo redonda) utilizada para preparar y cocinar alimentos. Es la herramienta principal que utilizará para empezar. Debe ser de cobre y tener una tapa que encaje bien. También puede servir una cacerola vieja, una sartén de hierro fundido o una fuente de horno. Todas las brujas tienen una; es un tópico, seguro. Pero si se encuentra en una situación en la que su caldero está estropeado o fuera de uso, y no tiene fondos para comprar uno nuevo, entonces considere alquilar uno en una tienda de teatro local.

La varita: Un palo o rama largo y delgado que se utiliza para dirigir la energía. En muchas tradiciones, se utiliza una rama de árbol. La varita debe ser de madera y no puede ser de plástico ni de metal. En algunos aspectos de la magia, la varita también representa un símbolo fálico, así que, si esto le incomoda, puede usar algo como una varita de zahorí en su lugar. No siempre se usa en brujería, pero es útil cuando necesita invocar el elemento aire, que es uno de los principales en la mayoría de las tradiciones.

El mortero: Se utiliza para machacar y mezclar ingredientes. El mortero no es más que un cuenco, y la maja es el palo que se frota en su interior para machacar los ingredientes. Los necesita juntos para hacer sus hechizos a mano. Asegúrese de conseguir uno que se adapte bien a su mano y que sea de madera con un mango largo.

Utilice un mortero para machacar sus ingredientes
https://unsplash.com/photos/9-Hgi9w9bDM?utm_source=unsplash&utm_medium=referral&utm_content=creditShareLink

El Athame: Esta herramienta es como una varita, pero en lugar de dirigir la energía, la corta. Se utiliza para cortar hierbas y velas. El athame suele ser de doble filo y estar hecho de metal para que pueda cortar eficazmente aquello con lo que se está trabajando. También se llama cuchillo de mango negro o cuchillo de mango blanco, dependiendo de la tradición a la que pertenezca. También se utiliza para dibujar símbolos o palabras en el aire. Se puede utilizar para tallar símbolos en las velas o para trabajar con una vela.

La funda de Athame: Esta es una funda que usará para mantener su athame seguro mientras no lo usa. Puede hacerla usted mismo o comprarla en muchos sitios, incluso en tiendas online.

El Grimorio: Un libro de hechizos y rituales. Es un libro de magia. Esta herramienta espiritual la usará para escribir y registrar sus hechizos. Puede y debe tener el suyo propio, pero puede encontrar grimorios publicados en librerías, o a veces puede encontrar uno en una biblioteca. Estos libros también están disponibles en diferentes estilos y tamaños. Asegúrese de conseguir uno que pueda usar cómodamente y con espacio para sus necesidades de escritura de hechizos. Hay muchos en el mercado, pero pueden ser caros. Una alternativa es buscar hechizos gratuitos en Internet, probarlos y luego escribirlos en su propio grimorio. También se conoce como el Libro de las sombras.

La Campana: Se utiliza a menudo para limpiar la energía en el área en la que está trabajando. También se puede utilizar para invocar a los elementos de la naturaleza. La campana debe ser pequeña y no demasiado ruidosa, pero lo suficiente para captar su atención cuando suene. Una pequeña campana o carillón también puede llamar a los espíritus o marcar el final de las palabras de un hechizo.

Cristales y piedras: Se consideran «herramientas energéticas» que actúan como espejo de la energía de un objeto. Se pueden utilizar de varias formas dependiendo del sistema de creencias al que pertenezca. Se pueden utilizar para crear hechizos, llamar a los espíritus y comunicarse con ellos (a través de su propia voz o de una grabación). Muchas brujas también guardan piedras en sus bolsos o bolsillos para conectarse a tierra. Se cree que algunas piedras tienen poderes mágicos y se utilizan como protección. Puede conseguirlas de varias fuentes, pero debe tener cuidado de dónde las consigue; tiene que estar seguro de que son auténticas. Algunos de los cristales más utilizados en brujería son el cuarzo, la amatista, el jaspe y el citrino.

El fuelle: Esta herramienta se utiliza para soplar velas y enviar energía a objetos como velas, incienso y cristales. También se puede utilizar para soplar sobre una persona y ayudarla a relajarse y dormir.

La escoba: Utilizada para limpiar la energía negativa de un lugar, es otro cliché común de las brujas. Puede utilizar una escoba «de verdad», pero no es necesario. También puede utilizar un plumero si no tiene acceso a ninguna otra herramienta. La escoba también se utiliza en algunos hechizos en los que surge la necesidad de «barrer» algo (empujando la energía hacia abajo en lugar de hacia arriba). También se puede utilizar para limpiar el suelo y las paredes durante un hechizo. Muchas brujas también utilizan escobas para limpiar el aire de una zona durante los rituales o el lanzamiento de hechizos.

El cuchillo: Se utiliza para cortar o rebanar hierbas; uno de estos también sería útil mientras se cocina en casa. Puede utilizar tijeras en su lugar.

Herramientas de adivinación: Se utilizan para lecturas y mensajes de espíritus. También puede usarlas para averiguar información sobre un hechizo que quiera hacer o el impacto mágico que tendrá sobre usted, una persona o un objeto. Muchas tradiciones utilizan las cartas del tarot de diversas maneras y pueden usarse junto con otras herramientas. Las runas también se utilizan en algunas tradiciones, incluida la brujería.

La baraja o juego de cartas del tarot: Si utiliza una baraja de tarot u otra herramienta de adivinación, necesitará tener una herramienta para barajar las cartas. Existen varias barajas, y la que elija debe reflejar el tipo de creencias mágicas que tiene. La mayoría de las barajas también vienen con algunas tiradas, como «lecturas» y «lecturas expertas», para ayudarle a crear sus propios hechizos y rituales. Éstos son independientes de las cartas y no necesitan lanzar hechizos. Las imágenes de las cartas también pueden tener significados diferentes según la baraja que utilice. También recibe un libro para ayudarle a interpretar todos estos significados, lo que casi siempre es una gran idea.

Bolsa de terciopelo: Esta bolsa puede contener pequeños objetos como hierbas que pueda necesitar durante un hechizo, y también se puede utilizar para guardar sus otras herramientas durante el lanzamiento de hechizos.

Sigilos: Los sigilos son una imagen visual para representar la magia que quiere hacer. Pueden usarse para lanzar hechizos, extraer poder de objetos y crear una conexión espiritual. Puede crear los suyos propios o comprarlos, y también existen kits que le ayudarán a crear su sigilo. En muchas tradiciones, estos símbolos se tallan en velas u otros objetos que representan energía.

Tarros y recipientes pequeños: Se utilizan para guardar hierbas, especias y otros objetos. Los símbolos y sigilos pintados o dibujados en el recipiente también pueden ayudarle a lanzar hechizos e invocar espíritus.

Capítulo 3: Deidades con las que puede trabajar

La brujería del cerco tiene una profunda conexión con el paganismo celta. Por lo tanto, hablaremos de las deidades importantes que los celtas honran. No tiene que trabajar con todas estas deidades, y depende de usted averiguar quién resuena más consigo y luego trabajar con ella. Cuando tiene un vínculo energético o espiritual con una deidad, puede recurrir a esa conexión para imbuir de poder sus rituales.

Brigid

Brigid es conocida como «la Exaltada». Rige la maternidad y la fertilidad. Si es poeta, inventor, artesano o una persona muy apasionada, tiene que agradecérselo. Los paganos creen que esta diosa tiene tres partes, como ocurre con otras deidades, pero la diferencia es que cada parte recibe el mismo nombre.

Para algunos, hay muchos paralelismos entre la diosa Brigid y la santa cristiana Brígida de Kildare. Se cree que no es más que el intento de la Iglesia católica de sincretizar la espiritualidad de la zona con su religión. Su símbolo es una cruz de tres brazos, a veces cuatro. Esta cruz está hecha de juncos, y se cree que si quiere mantenerse a salvo y protegido, todo lo que tiene que hacer es ponerla sobre la ventana o la puerta de su casa, y ella le protegerá.

Esta diosa influye en la vida y en la primavera, cuando todo prospera y cobra vida. Es la encargada de la herrería y a la que hay que acudir cuando se trabaja con las artes curativas. Se celebra en Imbolc, que tiene lugar cada año el primero de febrero, en pleno invierno. Si va a Irlanda, verá que la gente ha dedicado la mayoría de los cursos de agua y pozos a esta deidad. Brigid forma parte de los Tuatha Dé Danann.

Originalmente, su nombre era Brid, hasta que se anglicanizó en la forma actual y los otros nombres Bride, Brig y Brigit. El nombre de la diosa inspiró el de Bridget, lo que demuestra su vínculo con el fuego y el sol. También es posible que esté relacionada con otras diosas indoeuropeas encargadas del amanecer. Lleva un manto de rayos solares, lo que demuestra su fuego y pasión, pero también está a cargo del agua y la serenidad. Puede aparecer como una figura materna o como una encantadora doncella. Su cabello recuerda al fuego y rige el amanecer.

Brigid sabe todo lo que hay que saber sobre la alta arquitectura e inspira a la gente en ese campo y a otros artesanos. Es sabia y sanadora, atributos que heredó de Dagda, su padre, que reinaba en asuntos de misticismo y magia. También sabe cuáles son sus verdaderas necesidades en cada momento. Hay un pozo dedicado a ella en Kildare, y sus aguas se utilizan para curar y bendecir. También hay otro pozo dedicado a ella en el condado de Clare.

Brigid era hija de uno de los jefes de los Tuatha Dé Danann llamado Dagda, y gracias a él tuvo muchas hermanas y hermanos, entre ellos Midir y Aengus. Danu, la diosa del río, era su madre. Brigid tuvo un hijo con Bres, su marido, llamado Ruadan. Según otras tradiciones, estuvo casada con Tuireann y tuvo tres hijos llamados Irchaba, Iuchar y Brian. Sus hijos fueron los responsables de matar al padre de Lugh, Cian. Se sabe que muchos forasteros acuden a Brigid para pedirle que les cure, bendiga e inspire. Ella favorece a los que tienen buenas intenciones y a los que son astutos.

Culto a Brigid

Puede honrarla el 1 de febrero. Es el comienzo del Año Nuevo en Irlanda, y ese día puede llevar monedas y ofrendas de comida a cualquier curso de agua cercano para honrarla. Al hacer sus ofrendas, también puede pedirle que le proteja, le cure, le guíe y le inspire. Puede pedirle que bendiga a su familia y a sus hijos, e incluso a sus mascotas si las tiene. Puede ofrecerle agua, fuego, metales y oraciones. Puede conseguir cintas y atarlas a un árbol en su honor. También le gustan las monedas, la cerveza, los pasteles, la poesía y los huevos. ¿Tiene una cesta hecha de juncos? Llévesela y ganará su corazón.

Cernunnos

Es el dios encargado de los animales salvajes. Dominaba a las bestias de la tierra y a menudo se le representa con un cuerno y animales a su alrededor. Es experto en negociar la paz entre enemigos. Tiene vínculos con otros dioses con cuernos, como el Hombre Verde, Herne el Cazador, Silvano y Pan. Sin embargo, está demostrado que eran sobre todo los habitantes de la Galia quienes adoraban a este dios cornudo. Puede referirse a él como el cornudo.

Este dios tiene la capacidad de traer la paz entre la naturaleza y los humanos, y es el que puede domar a los animales hasta el punto que depredador y presa pueden encontrar la paz entre sí. Por desgracia, su mito sigue siendo un misterio. Su nombre, sin embargo, es una palabra gaélica que significa «el cornudo», y últimamente se ha convertido en el nombre que se utiliza para referirse a los otros dioses cornudos que los celtas adoraban, cuyos nombres ya se han olvidado. Para los neopaganos, es el «Dios de los lugares salvajes» o el «Señor de las tierras salvajes», títulos ambos muy recientes.

Es un hombre con barba y cornamenta, que lleva o viste una antorcha de metal, y se cree que sus atributos físicos se juntan basándose en otras deidades de Roma y Grecia que tenían un aspecto similar. Era básicamente una fusión de varios dioses. Bendecía a sus seguidores no sólo con animales, sino también con verduras y frutas. A menudo se le representa con serpientes, uros, lobos y un alce, todos ellos conviviendo porque puede aplacar fácilmente la enemistad entre enemigos naturales. Esto le convierte en el dios al que buscar para recibir protección y provisión.

Se cree que Cernunnos tiene una conexión con Conach Cernach, al menos etimológicamente hablando. Conach Cernach pertenece al ciclo del Ulster. Cernunnos también puede compartir algunos vínculos con Herne el Cazador de Shakespeare, que se suicidó antes que ser percibido como deshonroso. Tras su muerte, su espíritu rondaba la naturaleza, aterrorizando a todas las criaturas con las que se cruzaba.

Culto a Cernunnos

Como tiene una antorcha, puede hacer una dedicada a él; es básicamente un collar hecho de metal. Se le suele rendir culto en Beltane, que es el 1 de mayo, o el 1 de noviembre si está en el hemisferio sur. Puede ofrecerle plantas sagradas como granos, enebro, hiedra, roble y muérdago. También puede llevarle cornamentas, leche, tierra, agua y vino. Puede tocarle el tambor o realizar actos sexuales en su honor.

Cailleach

Cailleach es «la Velada». Esta diosa se encarga del invierno y de los vientos, y a menudo se la representa como una anciana con velo, que a veces sólo tiene un ojo. Su piel es a veces de un tono azul, aunque otras veces es increíblemente pálida. Tiene los dientes rojos y su vestido está cubierto de calaveras. Tiene aspectos creativos y destructivos, y es la deidad patrona de los lobos. A veces se la considera benévola y otras veces no hay que meterse con ella porque es temible. Mientras que Brigid rige el verano, Cailleach es la diosa del invierno. Tuvo varios matrimonios, pero su pareja más popular fue Bodach, un dios embaucador con el que tuvo mucha descendencia.

La Reina del invierno determina lo malo y largo que es el invierno. Se la honra en la Isla de Man, Irlanda y Escocia, que son también sus lugares de residencia. Cailleach significa «bruja» o «anciana» en gaélico irlandés y escocés. También se la conoce como Birog, la mujer hada, Milucra, Bui (casada con Lugh), Digde, Digdi y Burach. Los numerosos nombres hacen creer a algunos que es una combinación de varias deidades con rasgos similares.

La Velada puede cabalgar la tormenta y es tan poderosa que puede atravesar montañas de un solo salto. También puede cambiar de forma. Tiene un martillo con el que crea lo nuevo y destruye lo viejo y, según la tradición, tiene poder sobre los truenos y las tormentas. A veces ejerce su poder sobre los pozos, haciendo que se desborden y destruyan la tierra. No se la puede considerar una deidad buena o mala porque, según el relato, puede ser benévola o malévola. Aunque puede ser destructiva, siente un amor sin igual por todos los animales. Sobre todo, cuando el invierno es intenso, cuida de ellos.

Esta diosa es joven, vieja, eterna e inmortal. Cuando llega la primavera, toma una bebida que la rejuvenece. Los manx sostienen que pasa la mitad del año como una vieja bruja y la otra mitad como una joven doncella. Por eso se la conoce como Cailleach en la última parte del año. Según los irlandeses, tenía siete periodos distintos en los que era joven y, después, permanecía vieja indefinidamente.

Culto de Cailleach

Cailleach no necesita culto, pero si quiere honrarla, puede pasar tiempo cerca de montañas, cuevas, colinas, formaciones rocosas y otras formaciones terrestres. También puede pasar tiempo cerca de masas de agua naturales como remolinos, ríos y pozos naturales.

Cerridwen

Es la diosa de la transformación y también la soberana del conocimiento y la inspiración. Su nombre significa «astuta blanca» o «cerda blanca». También se la conoce como la diosa del grano, la diosa de la naturaleza, la dama blanca de la inspiración y la muerte, y la diosa de la luna oscura. Supervisa la magia, la regeneración, la muerte y la fertilidad. Gobierna el inframundo y su caldero tiene poderes de renacimiento, conocimiento e inspiración. Aparece en la tradición que rodea a Bran el bendito, dejando su lugar en Irlanda para habitar en la tierra de los poderosos. Se disfrazó de Kymideu Kymeinvoll, una giganta, y apareció con Llassar, su marido.

Ambos salieron de un lago, que en esencia se considera el inframundo. El pueblo temía el poder que ejercían, así que los desterraron. Bran les ofreció a los dos un puerto seguro. Lo único que quería a cambio era el caldero de Cerridwen, que podía reanimar a los guerreros muertos cuyos cuerpos se introdujeran en él. Bran acabaría dándole este caldero a Matholuch durante su matrimonio con Branwen, su hermana. El caldero de Cerridwen combina los tres tipos de calderos conocidos: Transformación, renacimiento e inspiración.

Cerridwen es la responsable de traer la vida al mundo y siempre está cocinando algo en su caldero. Es la representación espiritual de la rueda de la vida, que incluye los ciclos de nacimiento, muerte y renacimiento. Es la persona a la que hay que recurrir cuando se desea crecer espiritualmente o tener suerte en la vida física. También puede aportar abundancia y nutrición. No es de extrañar, pues, su color es el verde, el color de la naturaleza, que es abundante y se da gratuitamente a todos.

Culto a Cerridwen

Para honrar a esta diosa, puede ofrecerle carne de cerdo, bellotas, verbena, granos y otros cereales. También debería trabajar con su caldero en su honor. Puede encontrar formas de incorporar los símbolos que la representan, como la luna oscura, que representa su oscura conexión con la magia, la luna en sus distintas fases y la cerda blanca.

Herne

También conocido como Herne el cazador, se le considera un espectro más que una deidad. Era el responsable de someter a tormento a hombres y animales, y antes de ver a este ser, se oían cadenas traqueteando y voces gimiendo. Algunos lo consideran uno de los aspectos de Cernunnos. Rondaba los bosques de Berkshire con frecuencia y siempre aparecía montado en un poderoso corcel. Herne tenía un árbol en el bosque de Windsor, su lugar favorito, conocido como el roble de Herne.

En cuanto a sus poderes, puede hacer que el mundo natural se descomponga. Todo lo que necesita hacer es tocar con un dedo un árbol, que se marchitaría y moriría. También puede hacer que el ganado dé sangre en lugar de leche. Según el folclore, tenía un cuerno y solía viajar en compañía de sabuesos. Cuando aparece, se cree que algo terrible está a punto de suceder. Es una deidad muy misteriosa, sobre todo porque rara vez interactúa con alguien cuando se encuentra con la gente. Lo que es seguro, sin embargo, es que su energía es cruel, y podría ser por cómo murió: quitándose la vida.

Algunos creen que Herne estaba emparentado con el dios nórdico de los muertos, Odín. Odín es sinónimo de Wotan y estaba a cargo de la caza salvaje, una búsqueda para reunir almas para su ejército de muertos. Herne se hizo popular durante la época victoriana, al igual que el Baphomet, un dios y demonio con cuernos. Es un dios común para los movimientos neopaganos ingleses.

Culto a Herne

Puede ofrecer a este dios whisky, sidra e hidromiel. También puede ofrecerle carne. Si la ha cazado usted mismo, aún mejor. Intente quemar incienso para él, sobre todo de hojas secas de otoño. Él considera este humo sagrado, y puede usarlo para enviarle sus peticiones esperando una respuesta rápida.

Lugh

Es el dios de la justicia. Es quien vela por el cumplimiento de los juramentos y también se encarga de la nobleza. Este dios es considerado un dios embaucador con la capacidad de salvar a aquellos que se encuentran en apuros. Es conocido por sus exitosas tácticas de guerra y su excelente artesanía. No sólo se le considera un rey guerrero, sino también un héroe para los irlandeses. Su esposa tenía un amante llamado Cermait. Sus tres hijos mataron a Iugh clavándole una lanza en el pie y luego lo ahogaron. Esto fue en respuesta al asesinato de Cermait. Lugh tenía la legendaria lanza de Assal, y era casi imposible que alguien escapara de ser herido por esa arma.

A veces, Lugh también es conocido como Lug, y se hipotetiza que el nombre proviene de raíces protoindoeuropeas, de la palabra *lewgh*, que significa «atar por juramento». Esto tiene sentido porque Lugh era muy exigente en cuanto a que los contratos se cumplieran al pie de la letra. Algunos dicen que el nombre significa «luz», pero nadie está completamente seguro. Garantizaba que se hiciera justicia, y ejecutaba las sentencias con rapidez y sin lugar a reconsideraciones. Sin embargo, también era un embaucador. Esto significaba que no tenía ningún problema en robar, mentir y engañar para obtener ventaja sobre sus enemigos.

El culto a Lugh

Lugh es venerado en Lughnasa, también conocida como Lughnasadh. Esta fiesta irlandesa se celebra el 1 de agosto en la Isla de Man, Irlanda y Escocia. Es un día significativo porque fue cuando Lugh triunfó sobre los espíritus de Tir na nOg. Para celebrar esta ocasión, concedió una cosecha temprana de frutos y honró a Tailtiu, su madre adoptiva, organizando unos juegos. Este día también se conoce en el cristianismo como Domingo de la montaña o Domingo de la guirnalda. Puede ofrecerle pan, granos, maíz y cualquier otra cosa que represente la idea de la cosecha.

Morrigan

Esta diosa irlandesa se encarga del destino, la batalla y la muerte. Tiene tres aspectos, tres hermanas, y también puede aparecer como un solo ser. Gobierna el destino y está a cargo del don de la profecía. No importa quién se acerque a ella, ya sea una deidad o un héroe, ella le hará favores y le ofrecerá profecías. Se la puede ver como un cuervo volando alrededor de un campo de batalla, esperando la carroña que puede comer y llevarse. También tenía el poder de cambiar de forma; cada vez que aparecía, se consideraba un terrible presagio porque alguien iba a morir. A veces, oirá que se refieren a ella o a ellas como «La Morrigan». También se la conoce como la gran reina o la reina fantasma.

Esta profetisa puede aparecer no sólo como un cuervo, sino también como una vieja bruja, una joven y bella doncella y una reina guerrera con fiereza en su mirada. Como está relacionada con el destino y las profecías, no es raro saber que está vinculada a la muerte de personas poderosas. Apareció como un cuervo sobre Ulster cuando éste murió. También aparece como una lavandera con algo extraño y de otro mundo. En este caso, la encontrarás ensangrentada y lavando ropas que pertenecieron a aquellos que han fallecido en batalla.

Se trata de una diosa con tres aspectos. Según a quién preguntes, sus nombres individuales son Badb, Macha y Nemain. Otras veces, Nemain es conocida como Dannan, Danu, Anand o Anu. Es Badb quien aparece como cuervo durante la batalla. Ten en cuenta que cada aspecto o hermana puede actuar por su cuenta. Nemain y Badb tienen la manía de emitir chillidos mortales tan aterradores que al menos 100 hombres que los oyen por la noche mueren de miedo, y con razón. Ese chillido significa que se avecinan cosas terribles, y sus muertes bien podrían considerarse misericordiosas en comparación con la embestida que habrían presenciado de otro modo.

Culto a la Morrigan

Es una buena idea dejarle ofrendas con regularidad, ya que cuantas más haga, más poder generará para sus rituales. Si puede, construya un altar independiente para ella. Si no, cree un espacio sólo para ella en su altar. Puede ofrecerle agua de tormenta, vino tinto, alimentos rojos, miel, hidromiel, leche, un cuchillo *boline*, plumas de cuervo, poesía, arte y alimentos autóctonos de Irlanda.

Puede ofrecer vino tinto a Morrigan
https://pixabay.com/images/id-541922/

Capítulo 4: Los vuelos mágicos y el Otro Mundo

Los vuelos mágicos también se conocen como saltos mágicos o viajes mágicos. Esta habilidad es necesaria si va a ser una bruja del cerco, pero ¿qué es exactamente? La palabra «protección» puede tener varias connotaciones en la brujería del cerco, y una de ellas es la frontera que separa este mundo físico del espiritual, también conocido como el Otro Mundo. La protección sirve para separar a los humanos de los espíritus. Cuando oye hablar de una bruja del cerco que «vuela» o «viaja», lo que ocurre es que la bruja está cruzando, atravesando el velo del mundo físico al mundo espiritual.

    Así pues, un vuelo es un viaje espiritual al reino del espíritu, donde se encuentra el inconsciente colectivo. Este acto es chamánico, recuerda a viajar al reino astral. En otras palabras, es prácticamente lo mismo que la proyección astral. Normalmente, es algo que hace por su cuenta como bruja del cerco, aunque a algunas brujas les gusta trabajar juntas para tener más conocimiento y valor para compartir. Puede realizar rituales y hechizos en grupo en el Otro Mundo si eso es lo que le apetece. Lo bueno de volar con otros es que puede contar con la perspectiva de otra persona, lo que podría ayudarle a considerar asuntos en los que quizá no había pensado.

Vuelos mágicos, viajes chamánicos y proyección astral

La diferencia entre los vuelos mágicos y los viajes chamánicos es que la bruja no se mete en asuntos de paso. Ella no ayuda a las almas a pasar a su siguiente viaje. En lugar de eso, viaja para adquirir perspicacia y conocimiento, curarse y practicar la adivinación, la meditación y su oficio. El vuelvo también es diferente de los viajes chamánicos porque la bruja del cerco no intenta controlar su viaje. Por el contrario, se deja llevar por el viaje y no intenta controlar lo que ocurre a continuación. Sin embargo, es dueña de sus acciones. Mientras que la proyección astral a menudo ocurre en nuestro propio nivel de existencia (así como en varios otros), el vuelvo está destinado a llevarle al Otro Mundo.

Para que quede claro, el vuelo no es una función de visualización o imaginación. Es el proceso real de abandonar el mundo físico. Tiene que tener en cuenta que no controlará el viaje que experimente. Si no es cuidadoso y respetuoso con el proceso, puede encontrarse con fuerzas peligrosas que podrían causarle daño.

Antes de poder volar, debe entrar en un estado de conciencia alterada. Hay muchas formas de hacerlo, como cantar, meditar, bailar, tocar tambores e incluso tomar ciertos medicamentos psicodélicos. Es mucho mejor no utilizar drogas como vía de acceso a la conciencia alterada, ya que puede encontrarse con más peligros al no poder controlarse. Sin embargo, en el pasado, la bruja del cerco utilizaba ungüentos mágicos para ayudarse en la transición del mundo físico al Otro Mundo induciendo un estado de conciencia alterada.

El Otro Mundo y el vuelvo

Hay tres aspectos distintos en el Otro Mundo: el Superior, el Medio y el Inferior. Cada uno de estos mundos tiene nueve niveles. Una forma de este mundo es el Yggdrasil, el Árbol del Mundo de la mitología nórdica. Hablemos ahora del Havamal, una colección de versos de la Edda Poética del siglo XIII. El verso 156 tiene dos traducciones y habla del proceso de volar. Puede utilizar cualquiera de las dos traducciones de este verso para que revele quién es realmente la persona que vuela, regrese a su hogar o mantenga su espíritu separado de su cuerpo. La conclusión es que estos versículos dejan claro que el vuelvo es una práctica real y que, a menudo, los viajeros adoptan una forma distinta de la física. Cuanto mejor domine el vuelvo, más capaz será de transformarse en diferentes criaturas para mantenerse a salvo. Por lo general, viajará con guías animales para mantenerse a salvo y guiarle a lo largo de su viaje por mundos desconocidos.

Ésta es una práctica peligrosa sólo si se deja abrumar por el miedo, una energía que atraerá hacia usted a entidades negativas. Debe reconocer que tiene todo el derecho a viajar al Otro Mundo y que es un ser soberano con autonomía sobre usted mismo. Si no lo hace, espíritus embaucadores y entidades malévolas podrían aprovecharse de usted. Por eso es importante tomar precauciones antes de volar. No debe tener miedo porque hay mucho bien que experimentar en el Otro Mundo. Lo cual hace que el proceso merezca la pena para usted como bruja del cerco. Veamos algunos rituales que puede realizar antes de cruzar al Otro Mundo.

Ritual de limpieza

Es una buena práctica limpiarse y limpiar su espacio a menudo, especialmente cuando pretenda trabajar con espíritus o cruzar al otro lado. La limpieza también garantiza que no se adhieran a usted o a su espacio cuando haya terminado de trabajar con los espíritus. Si no lo hace, puede notar que la energía de su casa no se siente bien e incluso es algo pesada. Además, puede que le resulte difícil volar. Por lo tanto, debe comenzar a hacer una limpieza para elevar las vibraciones de su espacio y de su ser. Puede hacer limpiezas rutinarias, pero tenga en cuenta que a veces necesita profundizar porque hay lugares donde la energía permanece atrapada, por ejemplo, en un armario que suele estar cerrado o en una habitación a la que apenas entra. Así que de vez en cuando, profundice en la limpieza.

Necesitará
- 4 cristales de cuarzo
- 3 cristales de amatista
- 1 cristal de malaquita
- 1 vela blanca pequeña
- Una foto o talla de un coyote (otros animales carroñeros como un buitre o un mapache también sirven)
- Un manojo de salvia
- 5 hojas de salvia (frescas o secas)

- 3 ramitas de romero (fresco o seco)
- Sal
- Una escoba
- Agua salada en un cuenco
- Encendedor o cerillas

Pasos a seguir:

1. Limpie su casa de arriba abajo, asegurándose de no descuidar ningún rincón. Esto significa mover los muebles para pasar por debajo de ellos, abrir los armarios y las habitaciones para que reciban aire y luz, quitar todas las telarañas, etcétera. La idea es estimular el flujo de energía. Si no encuentra tiempo o su casa ya está bien limpia y organizada, céntrese en quitar el polvo del suelo.
2. Después de limpiar, muévase por su casa de habitación en habitación y aplauda. Si hay algún lugar al que no suele ir, aplauda allí. Aplauda también detrás de las puertas, debajo del sofá y otros muebles, y en los rincones de las habitaciones. Esto despertará la energía allí.
3. A continuación, coloque el altar en un lugar céntrico de la casa, como la cocina o el salón. Asegúrese de que no esté en el suelo y de que tenga espacio suficiente para colocar sobre él todos los objetos con los que vaya a trabajar. Además, asegúrese de que está en un espacio que le permita echar un círculo de sal a su alrededor.
4. La imagen o talla del coyote debe colocarse en el centro de su altar y una vela encima o detrás.
5. Coloque los cristales de cuarzo en cada esquina, asegurándose de que miran hacia fuera.
6. Coloque la malaquita al sur de la talla.
7. Coloque la amatista en los otros puntos cardinales.
8. Coloque las hojas de salvia junto a los cristales de cuarzo.
9. Coloque una ramita de romero a la izquierda y la otra a la derecha (este y oeste).
10. Tome la sal y cree un círculo alrededor del altar.
11. Ahora es el momento de invocar al espíritu con el que quiere hablar. Dígale una breve oración, pidiéndole ayuda con el ritual de limpieza.
12. A continuación, encienda la vela y proclame que la energía de la vela purifica ahora su hogar.

13. Ahora es el momento de esparcir sal por todo el suelo. Si tiene tapetes, utilice bicarbonato sódico en su lugar. Debe asegurarse de que la sal llegue a todas partes.

14. Cuando haya terminado de echar sal en el suelo, debe empezar a aspirar o barrer, moviéndose desde la dirección noroeste hacia el sureste mientras canta que su casa está siendo ahora barrida de energía negativa y que sólo el amor y la alegría la llenan.

15. Tendrá un montón de sal cuando haya terminado. Tírela por el inodoro, imaginando que la energía negativa se va por el desagüe. Si es demasiada para tirar de la cadena, tírela a la basura fuera de casa.

16. Tome la otra hoja de salvia y la ramita de romero y póngalas en el agua salada. Utilice la ramita de romero para rociar el agua alrededor de su espacio con un movimiento en sentido contrario a las agujas del reloj. Mientras lo hace, rece una breve oración afirmando que limpia su casa con agua y tierra y que sólo el amor y la alegría llenan su hogar.

17. Encienda la salvia y use el humo para limpiar su espacio, trabajando en sentido contrario a las agujas del reloj mientras dice una breve oración afirmando que limpia su hogar con aire y fuego, y que sólo el amor y la alegría llenan su hogar.

18. Medite durante unos cinco minutos ante su altar, notando la sensación de luz en su espacio cuando haya terminado. Deje que la vela se consuma y agradezca a su espíritu la ayuda. Cuando haya terminado, tome un baño para librarse de cualquier negatividad.

Ritual de protección

La protección es una cuestión de mentalidad. Tiene que darse cuenta de que nada puede hacerle daño sin su permiso, y de que da permiso para que le hagan daño si tiene miedo o espera que le hagan daño. Debe permanecer imperturbable ante cualquier cosa que encuentre mientras vuela. Sin embargo, una práctica sencilla que puede hacer es imaginarse rodeado de una luz dorada. Imagine esta luz como una cáscara de huevo a su alrededor, que mantiene alejados de usted a todos y cada uno de los que quieren hacerle daño. Puede hacerla tan grande o brillante como quiera. Cuando esté en el Otro Mundo, aparecerá a su alrededor y le mantendrá a salvo.

Ritual de conexión a tierra

1. Plante los pies firmemente en el suelo.
2. Imagine que sus pies echan raíces en el núcleo de la Tierra.
3. Sienta cómo absorbe la energía de la Tierra a través de las plantas de los pies desde la tierra hacia arriba y a través del resto de su cuerpo.
4. Respire profundamente durante un minuto o más mientras siente cómo la energía fluye a través de usted. Notará que se siente más tranquilo y más presente. Cuando lo sienta, sabrá que lo ha hecho bien.

Cómo volar

Para dejar que su espíritu se separe de su cuerpo, tiene que alterar su estado de conciencia. Puede hacerlo de forma natural o mediante inducción. Por favor, evite usar drogas para poder a volar. Aquí tiene métodos más seguros para alterar su conciencia:

La percusión chamánica funciona bien; puede encontrar muchos vídeos en YouTube para ayudarle. Las pistas tienen un principio y un final para ayudarle a salir de este mundo y traerle suavemente de vuelta. Antes de usarlas, debe escuchar cómo suenan para saber cuál es la señal para volver a su cuerpo. Al principio debe limitarse a 15 minutos, y luego puede ir aumentando.

La música chamánica se parece a los tambores, pero hay otros sonidos como cantos y sonajas. Puede que no le vaya bien si no le gustan las voces.

El sonajero es otra forma de música que puede encontrar en YouTube, pero a menudo es mejor que utilice el sonajero para generar el sonido. Le ayudará balancear el cuerpo al compás del ritmo.

Bailar es otro método para alterar su conciencia, pero no es el más fácil y puede cansarse fácilmente. La idea es que debe bailar hasta que ya no pueda permanecer de pie. Esto es ideal cuando baila alrededor de un fuego al aire libre o en una habitación cálida con luces tenues. Si elige este método, debe contar con música y cánticos para que todo vaya sobre ruedas.

El efecto de los cánticos es similar al de los tambores y el sonajero. Puede escuchar cánticos en YouTube o cantarlos usted mismo. A menudo es mejor incorporar alguna otra acción a los cánticos, como aplaudir.

Otra opción es escuchar los latidos del corazón, que es básicamente un tambor biológico. La habitación tiene que estar en silencio. Siéntese o túmbese y escuche.

Objetivos

Es una buena idea proponerse entrar primero en el Reino Inferior. Para ello, manifieste en voz alta su intención de ir allí. Luego repita la intención en su cabeza una y otra vez. Después, cuando lo tenga claro, elija el método para alterar su conciencia y entréguese al proceso.

Cuando quiera entrar en el Otro Mundo, tiene que cruzar el velo, también conocido como el cerco. Se trata de un portal, que tiene un aspecto diferente para cada bruja del cerco. Puede ser cualquier cosa, desde un espejo hasta un tronco de árbol hueco. Puede traer esta imagen a su mente mientras practica su técnica de estado alterado de conciencia para que vea el portal ante usted cuando cambie de conciencia.

Atraviese el portal y entre en un túnel, que puede parecer cualquier cosa, desde un pasillo de puertas hasta un túnel de verdad. Si va al Reino Inferior, el túnel debe ir hacia abajo. Si va al Reino Intermedio, el túnel debe ser llano, y si va al Reino Superior, el túnel debe ir hacia arriba. Siga caminando hasta que finalmente llegue al otro lado, donde debería haber luz. Tenga en cuenta que puede que esto no ocurra la primera vez que lo intente. Si no ocurre, no se castigue. Inténtelo al día siguiente y al siguiente. Al final, atravesará el velo. Cuando esté listo para volver, hágalo de la misma manera que llegó.

Lo ideal es que se acostumbre primero al Reino Inferior antes de empezar a viajar a otros lugares. Este es el lugar más seguro para explorar, y cuando conozca a sus guías y se familiarice con ellos, podrá pasar al Reino Intermedio y luego al Reino Superior. Por favor, no se haga expectativas para que no se decepcione. A medida que adquiera más experiencia, tendrá viajes más interesantes. Si le cuesta atravesar el velo, es posible que tenga problemas de inseguridad. Debe permitirse creer que puede hacerlo y luego volver a intentarlo.

Meditación y Deidades

La meditación le ayuda a mantener los pies en la tierra y le conecta con las deidades
https://www.pexels.com/photo/peaceful-lady-sitting-in-padmasana-pose-while-meditating-on-mat-4498220/

Debería poder trabajar con las deidades si tiene dificultades. Sólo tiene que pedirles ayuda con ofrendas o meditando, para empaparse de sus energías. La meditación también es una gran práctica porque le ayuda a mantener los pies en la tierra, algo que necesita cuando vuela. También puede trabajar con sus aliados espirituales. ¿Quiénes son? Hablaremos de ello en el próximo capítulo.

Capítulo 5: Aliados espirituales y cómo encontrarlos

En esta vida, nunca camina solo. Tiene un equipo de apoyo que siempre está con usted, pase lo que pase. Puede que no sea capaz de verlos todo el tiempo, pero eso no significa que no estén ahí. Son sus guías espirituales o aliados espirituales. Algunos seres se dedican a ayudarle a lo largo de su vida. Su(s) guía(s) espiritual(es) puede(n) ser un animal de poder, un ángel, un hada, un antepasado, un elemental o consejos divinos enteros.

Algo importante a tener en cuenta sobre sus guías espirituales es que deben adherirse a las leyes universales. En otras palabras, por mucho que quieran ayudarle en una situación concreta, no pueden interferir a menos que les pida ayuda. En otras palabras, respetan el libre albedrío. Su espíritu guía está eternamente dedicado a su bien más elevado. Están ahí para asegurarse de que cumple el destino de su alma antes de encarnar en este planeta. Siempre están ahí para facilitarle las cosas.

Llenos de compasión y deseosos de ayudarle, se encargan de ayudarle a despertar de la ilusión de la vida «real». Le despiertan a su grandeza, para que vea que no hay razón para doblegarse ante los problemas con los que ha cargado desde que nació. Le ayudan a despertar a su divinidad innata, mostrándole las áreas en las que tiene puntos ciegos. Pueden enseñarle la actitud correcta que debe tener y ayudarle a lidiar con los miedos diarios que enfrenta. Merece la pena dedicar algún tiempo a aprender quiénes son sus guías espirituales y cómo pueden ayudarle. Al hacerlo, verá rápidamente que la vida no tiene por qué ser difícil.

El trabajo de sus guías espirituales es llevarle a lugares y cosas que le ayudarán a lo largo de su viaje. Le mostrarán dónde con qué está luchando, de lo que puede que no sea consciente, y cómo atravesar esta lucha. Aunque están llenos de amor y compasión, no tienen ningún problema en hacer lo que hay que hacer para llevarle a donde necesita estar. Harán todo lo necesario para que deje de contarse las historias que sigue utilizando para aprisionarse en su versión no deseada de la realidad. Hacen esto porque cuando toma conciencia de quién es, no hay nada que pueda retenerle para lograr lo que quiera en la vida.

Cómo aparecen sus guías

A veces sus guías espirituales se mostrarán en este mundo físico como firmes partidarios de su causa o como personas con las que es increíblemente difícil y desafiante tratar. Cuando aparecen como estas últimas, básicamente le obligan a enfrentarse cara a cara con sus aspectos sombríos para sanarlos e integrarlos, de modo que pueda pasar al siguiente nivel en la vida. Esa persona tan difícil con la que está tratando podría ser su jefe, por ejemplo. Digamos que sigue asignándole tareas fuera de la descripción de su trabajo, se niega a darle un aumento o le recorta el sueldo injustamente. Es fácil enfadarse, pero no hay motivo para ello. Puede que no sean conscientes de ello, pero su guía podría estar utilizándolo, y a sus constantes empujones, para despertarle de la prisión que ha construido y consentido. Podrían mostrarle que es hora de empezar algo nuevo o dedicarse por completo a su propio negocio. Su guía también podría estar trabajando a través de un amante, mostrándole las historias que ha llegado a aceptar sobre su falta de valor, para que finalmente pueda aprender que sí merece amor, plena y verdaderamente. Pueden utilizar a cualquiera y cualquier situación para llegar a usted. Sólo tiene que prestarles atención.

Tipos de guías espirituales y cómo conectar con ellos

Ancestros

Estos son guías espirituales con los que comparte una conexión a través de su linaje físico o espiritual. También podrían ser algunas de las personas que ha conocido y amado que han pasado a su próxima vida y ahora le ofrecen orientación desde una perspectiva superior. Es más común que sus antepasados vengan de muchas generaciones atrás. Podrían ser un bisabuelo o alguien con dones espirituales que fue su encarnación anterior.

Los ancestros nunca son tacaños con su apoyo y orientación. Si tiene creencias limitantes de las que necesita ocuparse o traumas que necesita dejar ir, ellos estarán ahí para ayudarle. Pueden llamar su atención sobre heridas que ha descuidado durante demasiado tiempo para que finalmente pueda sanarlas. A veces se transmiten traumas muy concretos de una generación a otra, que podrían necesitar curación en su encarnación actual. También están a su disposición para ayudarle a liberar finalmente a su linaje. Pueden actuar como maestros, mostrándole quién es realmente y revelándole los dones, de los que tal vez no sea consciente, para que pueda utilizarlos para vivir la vida al máximo.

Cómo conectar con los antepasados

1. **Conecte con ellos a través de la meditación:** Encuentre un espacio tranquilo y silencioso en su casa. Puede ser simplemente una habitación donde sentarse, cerrar los ojos y meditar. Siéntese y declare su intención de conectar con sus antepasados en voz alta, y luego mantenga esa intención fija en su mente mientras se concentra en la respiración. Visualice una luz blanca que emana de la parte superior de su cabeza y llena toda la habitación. Siga así hasta que sienta que la energía cambia. Esto le conectará. Desde este estado, podría hacerles saber en qué quiere que le ayuden, expresarles su agradecimiento por todo lo que han hecho por usted hasta ahora, o simplemente hacerles saber que le gustaría tener una relación más profunda y significativa con ellos.

2. **Empiece a conectar con sus mayores antes de que fallezcan:** Intente crear conexiones profundas con ellos antes de que abandonen este plano, y le será más fácil conectar con ellos cuando estén en el otro lado en posición de ayudarle más de lo que posiblemente podrían en este lado. No se conecte con ellos sólo por razones egoístas. Apóyeles de verdad y demuéstreles lo mucho que le importan. Ellos le devolverán el favor desde el otro lado.

3. **Honre sus tradiciones familiares:** Intente encontrar formas de honrar a sus antepasados. Esto significa participar en algunas de las tradiciones que comparten, ya sea reuniéndose en cenas familiares o dedicando unos momentos de su día a agradecer sus consejos y sabiduría.

4. **Desarrolle el hábito de hablarles a diario:** Hay una razón por la que quieren que conecte con ellos a diario. Quieren recordarle quién es y ayudarle a vivir su mejor vida transmitiéndole su sabiduría, su guía y sus enseñanzas. Escuche su llamada. Quiere estar en comunión con ellos, lo que significa escucharlos, no sólo hablarles. De este modo, se revelarán en su vida con un propósito. Pero no se decepcione si no siempre responden de inmediato. Confíe en que lo harán, y cuando sea el momento adecuado, de una manera que funcione maravillosamente para usted.

Ángeles

Un ángel puede describirse como un «guía espiritual con esteroides». Son mucho más poderosos y capaces de ayudarle de una manera que otros espíritus no pueden. Estos seres son de la más alta luz espiritual y han estado aquí desde el principio de los tiempos. Los ángeles están aquí para ayudarle a alcanzar su máximo potencial. Le ayudan a conectar con su espíritu y pueden enviar sus mensajes a los reinos superiores, asegurándose de que sean recibidos. Pueden ayudarle a entrar en un estado de ser más inspirador que en el que se encuentra ahora mismo.

Los ángeles son seres espirituales benévolos que le ayudan en su viaje. No están aquí para juzgarle; guían, protegen y curan su alma. Tienen intenciones puras y no le llevarán en la dirección equivocada con lo que le enseñan. Los ángeles traen su amor puro y energía de luz para ayudarle a hacer las cosas que le guían y asisten en su desarrollo espiritual.

Cómo conectar con los ángeles

1. **Conéctese con ellos a través del Acto de la oración:** La oración es la forma más común de conectarse con sus ángeles. Rezar a los ángeles le ayuda a alinear su energía con la de ellos y abre una amorosa línea de comunicación para cuando los necesite. Puede rezar para que le guíen, le protejan, le curen, le ayuden con los obstáculos de su vida o con cualquier otra cosa que le preocupe. Un buen ángel guía al cual rezar sería el Arcángel Miguel, que es conocido como el guerrero de la luz angélica y que sirve como mentor para ayudarle en tiempos difíciles.

2. **Note sensaciones y emociones intensas que le golpean desde ninguna parte:** Pueden ser destellos de luz, una sensación de hormigueo en el cuerpo, una oleada repentina de energía en el estómago o cualquier otra sensación física. Sus ángeles también pueden enviarle pensamientos de la nada.

3. **Intente conectar con ellos en sus sueños:** Puede hacer esto estableciendo la intención en meditación de conectar con sus ángeles durante su sueño. También puede pedirles que le ayuden a recordar algunos de sus sueños para que pueda entender mejor lo que están tratando de decirle.
4. **Cree un espacio sagrado en su hogar:** Se trata de una zona en la que se sienta seguro, protegido e inspirado para conectar con los seres espirituales superiores libremente.

Seres estelares

Los seres de otras dimensiones influyen mucho en la vida humana. Los seres estelares tienen mucho que ver con cómo es la humanidad hoy en día y nos han ayudado a llegar hasta aquí en cuanto a nuestra evolución física y espiritual. Puede pensar en ellos como nuestros guías espirituales de otras dimensiones, algunos de los cuales conocemos de nuestro pasado en otros planetas o en otros universos, y otros de nuestro futuro. Nos han ayudado a expandir nuestra conciencia para que podamos empezar a entrar en contacto con otras dimensiones y más allá.

Los seres estelares no son exactamente ángeles, pero poseen rasgos similares. También tienen mucho conocimiento del futuro. Su función es ayudarnos a ampliar nuestra comprensión de la creación y darnos un sentimiento de esperanza de que superaremos cualquier obstáculo o reto que se presente en nuestra vida con bendiciones de otras dimensiones. Los seres estelares traen a la Tierra ideas y nociones más elevadas e influyen en nuestra forma de ver las cosas desde una perspectiva totalmente nueva que nos ayuda a comprender nuestra propia espiritualidad, nuestro propósito y muchos otros factores de la vida.

Cómo conectar con los seres estelares

1. **Vuelo para conectar con ellos:** Cada vez que vuele, puede establecer la intención de reunirse con ellos o hablar con ellos. Puede que no lo consiga a la primera, pero con paciencia y persistencia, logrará conectar con ellos. Esto se debe a que habrá ajustado su vibración a un estado en el que es fácil conectar con ellos. Tenga en cuenta que cuando se comuniquen, probablemente será a través de la telepatía. Puede que experimente un fenómeno en el que reciba «descargas» de información, que es una forma mucho más efectiva de transmitir mensajes que con palabras.
2. **Dedique tiempo a observar las estrellas:** Observar las estrellas y otros cuerpos celestes es una gran manera de conectar con dimensiones

superiores. Hacerlo ayuda a expandir su conciencia y le da una sensación de calma y paz interior.

Observar las estrellas le ayuda a conectar con los seres estelares

https://pixabay.com/images/id-1851128/

3. **Meditar:** A través de la meditación, trabaje para limpiar su mente de cualquier negatividad o desorden que pueda estar obstaculizando su capacidad para conectar con los seres estelares. Esto le ayuda a elevar su vibración y a ponerse en el estado adecuado para conectar con ellos. Puede escuchar sus mensajes a través de sus sueños o simplemente tener una sensación general de guía, inspiración o paz mientras medita.

4. **Conecte con ellos a través de los cristales:** Los cristales tienen una alta concentración de energía que conecta con dimensiones superiores. Pueden ayudarle a conectar con los seres estelares y otros espíritus guías y aliados.

Maestros ascendidos

Son seres humanos que encarnaron en una vida pasada en la Tierra para ayudarnos y enseñarnos a lo largo de nuestro camino. En algunos casos, pueden haber encarnado múltiples veces, pero su propósito, por ahora, es enseñarle algo, ayudarle con una tarea específica, o simplemente estar ahí como apoyo para usted. Los maestros ascendidos pueden ser de otros planetas u otros universos, o podrían haber sido seres humanos (de la

Tierra) que ascendieron más allá y experimentaron incontables vidas de una enorme cantidad de desarrollo espiritual a lo largo de muchas vidas.

Los maestros ascendidos son seres espiritualmente evolucionados que han alcanzado un punto de iluminación, en el que se han desarrollado espiritualmente hasta el punto de que ya no necesitan reencarnarse. Pueden elegir volver a la Tierra como un maestro ascendido y ayudarnos con nuestro crecimiento espiritual, pero la ascensión es tal que no necesitan experimentar el sufrimiento y el dolor de la vida física. Algunos viajarán por todo el universo y otros permanecerán en dimensiones inferiores, pero todos ellos están aquí en la Tierra como maestros ascendidos y guías espirituales.

Cómo conectar con los maestros ascendidos

1. **Ábrales su corazón:** Los maestros ascendidos han alcanzado el punto de tener un corazón abierto, capaz de amar incondicionalmente. Por lo tanto, para conectar con los maestros ascendidos, necesita abrir su corazón al mundo. Necesita amar incondicionalmente, cuidar de los demás sin ponerles condiciones, y superar el miedo a ser herido o vulnerable. A medida que abra más su corazón, más y más maestros ascendidos entrarán en su vida.

2. **Pida ayuda a los maestros ascendidos:** Los maestros ascendidos son seres compasivos, amables y desinteresados que están dispuestos a venir a ayudarle si se los pide. Cuando le pida ayuda, tiene que respetar que su tiempo es precioso, igual que el suyo. Si está pidiendo orientación sobre una tarea o problema en su vida, sea específico sobre lo que quiere y respete su tiempo - no lo malgaste.

3. **Preste atención a las señales de su vida:** A medida que abra su corazón a los demás y pida ayuda, empezará a ver señales y mensajes de ellos en los lugares más insospechados. Estas señales pueden ser tan simples como ver una mariposa o un búho en un lugar extraño en un momento extraño o escuchar algo que le recuerda su meta. A veces, las personas dicen que oyen susurrar su nombre cuando no hay nadie cerca. Algunas personas han reportado ver una imagen de sí mismos desde el futuro porque pueden conectarse con su yo futuro usando su intuición superior.

4. **Medite en su yo superior:** Puede que le resulte más fácil conectar con su yo superior que con los maestros. También puede estar más cerca de lo que es su yo superior que incluso los maestros espirituales o los ángeles, ya que su yo superior es la forma más evolucionada de

usted mismo y está más cerca de Dios. Cuando medite en su yo superior, puede pedirle que le ponga en contacto con los maestros si quiere, y será más fácil.

Guías espirituales animales

Los guías espirituales animales son seres espirituales o angelicales que pueden adoptar muchas formas animales y son una extensión de usted mismo. Está destinado a conectar con ellos y con lo Divino a través de ellos. Al igual que los maestros ascendidos, los guías espirituales animales pueden haber encarnado en una vida pasada en la Tierra por una razón, pero en este tiempo, trabajan con usted para ayudarle a despertar espiritualmente.

Se trata de guías animales que han estado con nosotros desde nuestro nacimiento. Aunque no parezcan gran cosa, son seres extremadamente poderosos, inteligentes y sabios que pueden enseñarle muchas cosas sobre usted mismo. Lo que somos como seres humanos es una combinación de nuestra personalidad y de nuestros guías espirituales animales.

Cómo conectar con los guías espirituales animales

1. **Conecte con sus sentidos:** Los animales están muy en contacto con sus sentidos, por lo tanto, conecte con los suyos si quiere relacionarse con ellos. Practique mirando a su alrededor, observando todo lo que le rodea. Fíjese en lo que oye y en las diferentes cualidades de cada sonido. Preste atención a lo que huele, siente y saborea. Trabaje con cada sentido de uno en uno durante cinco minutos al día.

2. **Consiga un talismán que represente al animal que más le atrae:** Un talismán es un objeto que tiene un significado espiritual. Puede llevar su talismán con usted a todas partes y conectar con él siempre que tenga problemas. Los talismanes son medallones u objetos que han sido cargados con la energía de un tiempo y un lugar concretos, además de estar imbuidos de la energía universal de la creación. Para cargar su talismán, puede meditar en su animal preferido mientras sostiene el talismán en sus manos y establezca una intención para que, al llevarlo con usted, tenga la guía, protección y asistencia de su animal espiritual esté donde esté.

3. **Conecte con ellos en sus sueños:** Nuestros sueños son el mejor lugar para reconectar con nuestros guías espirituales animales. Estos seres son muy poderosos en los sueños, y algunos dicen tener sueños lúcidos o soñar despiertos con ellos. Todo lo que tiene que hacer es

establecer la intención de reunirse con ellos mientras se va a dormir.

4. **Pídales ayuda:** Puede pedir cualquier cosa a sus guías espirituales animales. Esta es una gran manera de aprender más sobre usted mismo y descubrir su propósito en la Tierra. No se sorprenda si empieza a ver u oír hablar de ese animal más a menudo cuando le pide ayuda. Cuando aparecen, están intentando decirle que todo irá bien y que están trabajando en lo que usted quiere.

Deidades

Ya hemos hablado de algunas deidades particulares de la brujería del cerco y la tradición celta. Puede conectar con cualquiera con la que resuene y le responderá. Sólo asegúrese de ser respetuoso con ellos y con su tiempo y sea sincero con la ayuda que quiere pedirles.

Cómo conectar con las deidades

1. **Haga ofrendas:** Ya sabe qué es lo que les gusta. Ofrézcalo colocándolo en su altar.

2. **Coloque sus imágenes en su espacio:** Puede tener fotos de sus deidades en su casa o alrededor de su espacio de trabajo espiritual. Cada vez que vea la imagen, tómese un momento para saludarlas en su mente, darles las gracias o simplemente reconocerlas como pueda.

3. **Encienda una vela en su honor:** Si se siente perdido, deprimido, ansioso o incluso muy feliz porque algo bueno ha sucedido, puede encender una vela en su honor. Esta práctica llenará su casa y su vida con su energía.

4. **Medite sobre ellos:** Puede cantar su nombre repetidamente mientras medita, ya sea en voz alta o en su mente. Al hacerlo, sentirá que su cuerpo y su corazón se llenan de su energía. Eso le indica que están presentes con usted.

Guías espirituales elementales

Los elementales son espíritus que se encuentran en uno de los cuatro elementos clásicos: Tierra, agua, fuego y aire. No todos son aliados, pero los que lo son pueden considerarse guías. Los gnomos son elementales de tierra, las ondinas están conectadas al agua, las piraustas también son conocidas como salamandras y están conectadas al fuego, mientras que las sílfides están conectadas al agua. Por lo general, estos elementales tienen su hogar en los propios elementos, como las rocas, las montañas, las masas de agua, el fuego y el viento.

Cómo conectar con los guías espirituales elementales

1. **Pase tiempo en la naturaleza:** Cuanto más esté en la naturaleza, más podrá conectar con ellos.
2. **Empiece a cuidar el planeta:** Puede hacerlo siendo más consciente de sus hábitos y prácticas que no le hacen ningún favor a la Tierra. También puede hacer pequeñas cosas como deshacerse de la basura, rastrillar las hojas, etc. Mientras hace estas cosas, mantenga los elementos en su mente.
3. **Intente conectar con ellos:** Esto es fácil de hacer cuando trabaja con un elemento específico. El aire está a su alrededor, así que no debería tener problemas con él. Para el fuego, puede ser útil ir de acampada o, al menos, encender una vela. Para el agua, puede trabajar con un cuenco lleno. En cuanto a la tierra, la arena o la sal servirán.
4. **Lleve con usted el elemento con el que quiere trabajar:** puede ser un poco más complicado con el fuego y el aire, pero para el primero basta con utilizar un mechero o una cerilla. Para el aire, basta con ser consciente del aire que respira.

Los Aos Si

Son como elfos o hadas, procedentes de los Tuatha Dé Danann. Viven bajo tierra en un mundo que, aunque invisible, existe junto al nuestro. Son inmortales y también pueden ayudarle en la vida. Algunos los llaman la Gente justa, mientras que otros los llaman los Buenos vecinos, y son exactamente eso. Pueden ser tan horribles como impresionantes en su aspecto. Actúan como guardianes, ferozmente protectores de los que consideran suyos.

Cómo conectar con los Aos Si

1. **Volar:** Esta es una buena forma de llegar a ellos, ya que son esencialmente habitantes del Otro Mundo.
2. **Medite sobre ellos al amanecer y al atardecer:** Estos son los dos períodos en los que el velo entre los mundos es más delgado, y por lo tanto debería resultar más fácil conectar con ellos y hacerles saber en qué necesita que le ayuden.
3. **Celebre sus fiestas:** Ahora es un buen momento para familiarizarse con Midsummer, Beltane y Samhain. Son las tres fiestas con las que están más asociados. Puede trabajar con otras brujas del cerco para hacerles ofrendas en grupo. Las energías combinadas resultarán

fructíferas, independientemente de lo que busque.

4. **Ofrézcales alimentos con regularidad:** Las bayas, las manzanas, la leche y otros productos horneados son los favoritos de los Buenos vecinos.

Capítulo 6: Hierbas, Plantas y Árboles Mágicos

En este capítulo, hablaremos de las hierbas, plantas y árboles mágicos con los que puede trabajar. Puede conseguir fácilmente todas estas hierbas en su tienda de comestibles o en una tienda que venda artículos para brujería. También puede encontrarlas en internet, frescas o secas, así que no hace falta que se obsesione y recorra su barrio en busca de ellas, a menos que sea algo que le guste hacer.

Hierbas mágicas

Menta: Para algunas brujas resulta extraño que se incluya la menta como hierba mágica, pero lo cierto es que es poderosa y merece ser mencionada. Esta hierba le da energía y añade poder a sus rituales y hechizos. Aclara la mente y ayuda a establecer intenciones para obtener los resultados adecuados. También despierta los sentidos, lo que siempre es bueno para el trabajo mágico. Puede beberla en té, comerla o simplemente olerla para prepararse para hacer sus hechizos con éxito. Esta hierba también atrae el éxito y el dinero y es buena para hacer negocios. Los buenos espíritus se sienten atraídos por ella y mantiene su hogar a salvo de energías y entidades negativas.

Tomillo: Esta hierba es popular en varios hechizos porque tiene muchos usos y propiedades intrigantes. Puede usar tomillo para hablar con los muertos y conectar con ellos. También es bueno para consagrar rituales y mantener sus hechizos alineados con sus intenciones. Puede usarlo para ahuyentar serpientes y arañas, tenerlo en casa para proteger a su familia de enfermedades o añadir un poco al agua de un baño relajante. Asegúrese de plantar tomillo ecológico. Nadie quiere pesticidas en su jardín de hierbas «mágicas».

Hojas de laurel: Puede utilizar esta hoja para retener la energía divina. Es una hierba muy versátil y sirve para varios hechizos y trabajos mágicos. Si quiere limpiar su aura, llévala en un collar o amuleto. Si quiere pedir bendiciones a sus deidades, puede quemar sus hojas en incienso. También ayuda con hechizos de protección, suerte y prosperidad, porque es una hierba de abundancia. Es especialmente útil en ritos de protección y limpieza. Es una buena hierba para eliminar entidades negativas y limpiar su espacio. Puede usar el laurel en el agua de baño para limpiarse de «energías negativas». Las hojas de laurel también son estupendas para atraer la buena suerte y la prosperidad.

Romero: El romero es una de las hierbas más antiguas de la tierra y su aroma es magnífico. Puede utilizarlo en incienso para la purificación y las bendiciones. Quemarlo también es una buena forma de atraer buena energía a su casa o lugar de trabajo. El romero es una hierba muy versátil y es bueno para la curación de varias maneras. También es una hierba potente para la magia del cerco y su aroma añade una vibración energética que ayuda a enfocar las intenciones. Quemar romero por la noche mantiene a los malos espíritus alejados de usted y de su familia. También puede frotarse las hojas en el cuerpo para prevenir enfermedades o añadir unas ramitas al agua de un baño relajante.

El romero atrae la curación
https://pixabay.com/images/id-1140763/

Lavanda: La lavanda es una hierba de olor encantador que tiene muchos usos mágicos. Puede usarla para limpiarse antes de entrar en un espacio sagrado o hacer magia. También es buena para trabajos rituales y como repelente de espíritus no deseados. Elimina la energía negativa o cambia su vibración. Quémela como incienso para atraer la magia, o esparza un poco por su casa para repeler entidades no deseadas. Llévelo en joyas, póngase un poco en la planta de los pies antes de salir, deje un manojo debajo de la cama o coloque una bolsita de lavanda en el auto, así estará protegido cuando vaya por la ciudad.

Orégano: Estas hojas son estupendas para atraer la buena suerte y la prosperidad. Estimulan los sentidos y despejan la mente, permitiéndole establecer las intenciones adecuadas. Añada un poco a las ensaladas o ponga unas pizcas en un baño ritual. El orégano también se utiliza en prácticas chamánicas para conectar con el mundo de los espíritus. Durante los rituales, quémelo en un incensario o muela unas hojas y añádalas al agua del baño. También puede esparcirlo por su casa como protección o llevarlo como amuleto para mayor seguridad en sus viajes.

Raíz de jengibre: Esta raíz es estupenda para la curación y el exorcismo. También ayuda a mantener la concentración durante el trabajo con hechizos y rituales. Es un poderoso bloqueador de pensamientos y acciones negativas, por lo que le ayuda a mantener puras sus intenciones. Cuando realice un trabajo mágico en casa, queme un poco de jengibre en un incensario o en una bolsita para limpiar la energía del espacio, o llévelo como colgante para alejar la negatividad y atraer la buena fortuna. La raíz de jengibre es estupenda para atraer la buena suerte. También es maravillosa para añadir fuerza a muchos tipos de rituales, hechizos y trabajos mágicos, ya que actúa como acelerador mágico. Es genial para desterrar espíritus y eliminar la energía negativa de su espacio. La raíz de jengibre también levanta el ánimo y ayuda a sentirse con más energía durante hechizos y rituales.

Semilla de hinojo: La semilla de hinojo es una hierba poderosa utilizada en los trabajos rituales. Tiene un aroma dulce que actúa como estimulante para la mente, por lo que puede usarla en hechizos para mantenerse concentrado en sus intenciones. Esta hierba también es muy buena para la magia de purificación, ya que limpia el aura de energía negativa, lo cual es bueno para cualquier hechizo o ritual relacionado con temas de protección, salud o limpieza.

Pimienta dioica: Esta es otra hierba que las brujas utilizan en muchos rituales. Es un excelente agente purificador, se utiliza contra la negatividad y ayuda a comunicarse con los muertos. Su olor recuerda al clavo y a la canela y su sabor a la pimienta negra. Es un complemento muy popular en las ofrendas a los dioses y diosas. La pimienta dioica puede utilizarse en cualquier tipo de magia, desde rituales de bendición hasta magia del cerco. También es considerada una hierba sagrada por muchas culturas. Se puede utilizar en hechizos relacionados con el amor, el dinero y la fertilidad.

Diente de León: El diente de león es una de las hierbas mágicas más populares porque es fácil de obtener y barata. La raíz se utiliza en las artes mágicas para eliminar la negatividad, mientras que las hojas y las flores atraen la abundancia. También puede usar esta hierba durante hechizos relacionados con la protección del hogar, la suerte, el amor y la purificación. Es un potenciador de hechizos muy fuerte que mejora el poder de cualquier hechizo o magia que realice. Para atraer dinero, queme diente de león en incienso o ponga un poco en una bolsita para dinero de viaje o ganancias de negocios. El diente de león es una gran hierba y también se puede utilizar como té. También se utiliza, tradicionalmente, para curar. Es bueno espolvorearla en el suelo donde practique sus rituales o llevarla como amuleto antes de entrar en su zona ritual.

Plantas mágicas

Árbol del dinero: Esta planta tiene tantas cualidades que se utiliza en casi todos los tipos de magia, desde rituales de bendición hasta hechizos de protección y rituales de amor. En algunas culturas, las hojas se utilizan como ingrediente en el té de la suerte o en infusiones de hierbas que se consumen para atraer la fortuna y la prosperidad. Puede utilizarla en cualquier hechizo que atraiga la fortuna o la prosperidad. Intente combinarla con otras hierbas como el jengibre, la canela o la nuez moscada para conseguir un mayor efecto.

Planta de jade: Esta planta representa la abundancia y la energía. Es una buena planta para usar cuando se busca sabiduría. Puede hacer una bolsita protectora de jade y llevarla con usted cuando viaje para alejar energías no deseadas. Puede utilizar el jade para levantar el ánimo cuando se sienta deprimido o estresado. Esta planta también es buena para eliminar la negatividad del aura, por lo que es de gran ayuda en hechizos que afectan a la mente o las emociones. Se trata de una hierba mágica que se utiliza en rituales y hechizos relacionados con la conciencia psíquica y propiedades curativas. Es conocida por traer buena suerte y ayudar a conseguir los objetivos deseados. También puede utilizarla en hechizos para la limpieza del hogar.

Hiedra del diablo: Esta hierba se utiliza en magia para atraer la prosperidad, pero también puede usarse para atraer la suerte. Cuando utiliza la hiedra del diablo, atrae la buena voluntad y la fortuna y refuerza sus poderes de percepción. La hiedra del diablo también es excelente para proteger su casa o su propiedad. Es una buena hierba para hacer pociones de amor o para hechizos curativos. La hiedra del diablo tiene un aroma muy potente que repele todas las energías negativas de la zona. Puede utilizarla para purificar su espacio o en hechizos de protección y salud. Llevar la planta como amuleto ayuda a alejar muchos tipos de negatividad, incluidos los pensamientos y el malestar físico. Use esta planta para ser más resiliente y para realizar hechizos que impliquen el perdón.

Hiedra inglesa: Esta popular hierba mágica se utiliza para proteger la magia, aumentar los poderes psíquicos y promover la buena voluntad. Es muy buena para los hechizos que involucran limpieza y protección. También puede usarla en hechizos para desterrar la negatividad o el mal. La hiedra inglesa es barata y fácil de encontrar y cultivar, lo que la convierte en una de las hierbas mágicas más populares. Puede utilizarla en cualquier tipo de hechizo de protección o bendición. Como su aroma es dulce y fragante, es una buena hierba para desterrar pensamientos negativos y atraer energía positiva a su vida.

Siempreviva: Esta planta es una suculenta. Está infravalorada, pero es poderosa. Los antiguos romanos decoraban sus casas con esta planta. Se puede comer, pero solo en pequeñas cantidades. Es genial para tratar la inflamación en el cuerpo. Utilice esta planta para atraer la buena salud a su vida. También mejora asuntos familiares, potencia la fertilidad en cualquier aspecto de la vida y brinda protección. Esta planta desprende un aura reconfortante, le tranquiliza y convierte cualquier lugar en el que crezca en un hogar. También puede utilizarla para atraer más energía sexual a su dormitorio o en hechizos relacionados con el amor y la sexualidad.

Bambú: Esta es una buena hierba para la magia de purificación y protección. Representa el dinero y la sexualidad. El bambú atrae dinero, riqueza y poder cuando se quema como incienso o se utiliza en hechizos. El bambú representa la resistencia y la flexibilidad. También promueve la paz y la claridad y trae buena suerte. Las ramas lisas del bambú se utilizan para la limpieza espiritual y la meditación como herramienta de adivinación. Puede utilizarlo para atraer la felicidad y la salud a su vida. Se dice que cuantos más tallos de esta planta tenga, más poder y suerte atraerá a su práctica.

Árboles mágicos

Aliso: Muchos pueblos antiguos consideraban sagrado al aliso. Se utilizaba en muchos rituales mágicos y religiosos porque es muy poderoso. Este árbol es beneficioso para hechizos de protección, ritos de limpieza y magia curativa. También se utiliza para desterrar espíritus malignos y energías negativas, ayuda a aumentar los poderes psíquicos y fortalece la memoria. Puede utilizar sus partes en rituales o hechizos que impliquen el destierro de la negatividad, la curación, la meditación y la comunicación con los espíritus. Úselo como parte de una bolsa protectora o esparza algunas hojas por el lugar donde vaya a realizar su hechizo o ritual para que la energía sea acogedora y positiva.

Haya: Este árbol es una maravillosa fuente de energía espiritual porque su madera se ha utilizado en la fabricación de herramientas rituales desde la Edad de Piedra. Se utiliza en la adivinación y se ha asociado con dioses y diosas desde la antigüedad. Ayuda a concentrar las habilidades psíquicas, por lo que es ideal para realizar hechizos relacionados con la adivinación o cualquier tipo de clarividencia. El haya también atrae el amor, la paz y la felicidad y aumenta la potencia de sus hechizos. También reduce el estrés, por lo que es perfecta para amuletos protectores o talismanes que quiera llevar consigo durante los viajes. Un trozo de madera de haya le ayudará a mantener su propia energía resguardada.

Roble: El roble es un árbol poderoso que ayuda a mantener los pies en la tierra durante los rituales mágicos y el trabajo con hechizos. Si necesita concentrarse en algo para enderezar el karma, este es su árbol. Sus ramas se utilizan para hacer varitas mágicas y sus hojas ayudan a invocar espíritus y energías elementales. El roble también es bueno para limpiar espacios de energía negativa. Se suele tallar y utilizar como herramienta de altar durante las ceremonias mágicas. Sus ramas también se utilizan para crear herramientas mágicas y sus hojas fueron utilizadas para la adivinación por los celtas.

Sauce: El sauce se utiliza para proteger hechizos e impedir que los espíritus malignos le hagan daño a usted o a sus seres queridos. También es muy útil para la protección mágica si quiere concentrar las propiedades de protección de otros árboles o hierbas. El sauce también se utiliza mucho en magia curativa, sobre todo en casos de dolor y malestar. Alivia el dolor físico y el dolor emocional. Puede quemarlo en la misma habitación de su altar o llevarlo puesto para disipar la mala suerte.

Roble blanco: Este árbol es sagrado en los rituales mágicos por su asociación con las energías de la Diosa. Los antiguos egipcios también lo utilizaban para diversos fines, como el tratamiento de problemas oculares, dolores de oído y de cabeza. El roble blanco eleva su poder para que pueda proyectar sus intenciones hacia el exterior y provocar cambios positivos en el mundo que le rodea.

Escoba de bruja: Las hojas y la corteza de esta planta se utilizan para crear una fuerza mágica que se emplea en hechizos y rituales para atraer el amor, la abundancia y la felicidad. También es bueno para la magia de protección, así que si está haciendo hechizos en casa, ponga un poco en su baño ritual o llévelo como amuleto para mantener alejadas a las fuerzas de la oscuridad. Queme este árbol como incienso para eliminar la energía negativa de su hogar o lugar de trabajo. También es bueno para la meditación y para fortalecer los poderes intuitivos.

Serbal: Para los celtas, el serbal representaba el renacimiento, la protección y la buena fortuna. También era un árbol sagrado de los nórdicos. Ayuda a aumentar su conexión con los espíritus, por lo que es un árbol fantástico para quemar durante rituales o hechizos en los que intente llegar al otro lado. El serbal se utiliza a menudo en rituales para proteger los hogares y alejar la negatividad. También en hechizos de dinero y salud diseñados para mejorar la digestión y aliviar problemas estomacales.

Capítulo 7: Adivinación del cerco

La adivinación implica la capacidad de indagar en el pasado y el futuro para obtener respuestas. La brujería del cerco es una práctica muy adaptable, lo que significa que hay un montón de técnicas de adivinación para elegir. Veamos cada una en detalle.

Lectura del té

La lectura de las hojas de té es un método común de adivinación
https://commons.wikimedia.org/wiki/File:Tea_leaf_reading.jpg

Desde el principio de los tiempos, la gente ha practicado la adivinación. Uno de los métodos más comunes es la lectura del té, también llamada taseomancia. Proviene de la unión de dos palabras: *Tassa*, una palabra árabe que se traduce como «taza», y *Mancy*, una palabra griega que se refiere a la adivinación en sí.

Los adivinos europeos de la época medieval realizaban todas sus lecturas trabajando con salpicaduras de cera o plomo. Sin embargo, el té pronto se hizo muy popular, por lo que pasó a formar parte del proceso de adivinación. Puede trabajar con tazas especiales para esto. A menudo, tienen algunos símbolos mágicos grabados alrededor del cuerpo o del borde para ayudarle con la interpretación.

Cómo leer las hojas de té

Para leer las hojas de té, debe preparar una taza de té, pero sin colar las hojas. Elija una taza de color claro para que le resulte fácil ver lo que ocurre en el fondo de la taza. En cuanto al té que elija, puede trabajar con cualquiera que desee. La única advertencia es que debe ser de hojas sueltas. Prefiera las hojas más grandes, porque resultan mucho más fáciles de leer. Si quiere ser específico con el tipo de té que elija, opte por el Earl Grey, ya que tiene hojas grandes y sueltas. También puede optar por el Darjeeling. Las mezclas de té indio, aunque deliciosas, no son las mejores para la adivinación, porque tienen partículas muy finas, pequeñas ramitas y hojas mucho más pequeñas.

Cuando haya terminado de beber el té, lo único que debería quedar en la taza son las hojas del fondo. Dé tres vueltas a la taza y luego déjela en el suelo para que el contenido se asiente. Las hojas formarán un patrón que podrá interpretar. Puede trabajar con símbolos bien conocidos, transmitidos de generación en generación. Por ejemplo, las hojas formando una manzana pueden significar educación o conocimiento. Si parece un perro, puede significar «lealtad». Una rápida búsqueda en internet le mostrará los signos con los que puede trabajar y sus significados. Tenga en cuenta que el hecho de que vea un perro no significa que haya alguien leal. Podría ser una señal de todo lo contrario. Todo depende del contexto y de lo que le diga su intuición.

Hablando de intuición, puede trabajar con ella en lugar de establecer significados simbólicos. Simplemente deje que las hojas hablen a su espíritu mientras transmite el mensaje al consultante. Es una buena idea practicar primero con amigos y familiares para estar seguro de dar en el clavo más a menudo. Siéntese con las hojas y, mientras las observa, preste atención a los sentimientos que despiertan en usted. ¿Siente algo positivo o negativo? ¿Qué aspectos de la vida vienen a su mente en este momento? Consulte con el buscador para que le ayude a afinar el mensaje de las hojas.

Tenga en cuenta que a veces verá más de una imagen. Podría tener una imagen prominente en el centro rodeada de otras más pequeñas, o podrían ser todas más o menos del mismo tamaño. Haga lo que haga, empiece por las imágenes del asa de la taza y desplácese por ella en el sentido de las agujas del reloj. ¿Está trabajando con una taza sin asa? En ese caso, empiece por la posición del mediodía (hacia el norte) y siga en el sentido de las agujas del reloj alrededor de la taza.

Asegúrese de tomar notas mientras lee las hojas. Tome fotos con su teléfono para no preocuparse por alterar accidentalmente las posiciones de las hojas. Preste atención a lo primero que note, porque es la información más profunda que la divinidad está tratando de comunicarle. A veces puede que no reciba imágenes, sino números o letras. También puede que vea símbolos antiguos o alienígenas o incluso formas de animales.

Por último, divida la taza en diferentes partes, porque la colocación de los símbolos o imágenes también es importante. El borde representa los asuntos que conciernen al aquí y al ahora. El centro se refiere al futuro inmediato, que puede ser de siete días a un mes. El fondo de la copa contiene la clave de su situación como un todo en el presente.

Videncia de luna llena

La adivinación consiste en mirar una superficie reflectante y dejar que le revele la verdad sobre el pasado, el presente o el futuro. Suele hacerse con agua, una bola de cristal o incluso un espejo. En el *Libro de los muertos* egipcio se menciona el proceso de adivinación, sobre todo en relación con el uso del espejo de Hathor para ver lo que depara el futuro. Los antiguos romanos tampoco eran ajenos a esta práctica. Antes de que el cristianismo llegara a los celtas, estos utilizaban cristales como el berilo para conocer el futuro. Incluso el gran Nostradamus practicaba la adivinación con agua a la luz de las velas para saber lo que tenía que saber.

Sin embargo, si realmente quiere atraer más poder, lo mejor es trabajar con la luna llena. La luna llena representa la intuición y tiene un aura de sabiduría. La percibimos profundamente, por eso nos sentimos tan vivos cuando la luna está en su plenitud. Esto se debe a que tenemos una conexión con el ciclo lunar.

Puede hacerlo en el interior, pero es mejor hacerlo en el exterior porque trabajará con el reflejo de la luz de la luna llena en el agua. Lo mejor es trabajar la misma noche de luna llena, pero si no puede, puede hacerlo la noche anterior o la posterior. Necesitará que el cielo esté despejado.

Cómo hacer videncia de luna llena

Necesitará:

- Un cuenco oscuro.
- Una mesa o su altar.
- Una jarra de agua.
- Un diario y un bolígrafo.

Pasos:

1. Forme un círculo esparciendo sal por el suelo alrededor de usted y de su altar. Debe estar descalzo.

2. Cierre los ojos y preste atención a cómo se siente. Preste atención también a la energía del mundo que lo rodea. Conviértase en uno con los sonidos, olores y sentimientos.

3. Ahora, dirija su conciencia interior hacia la luz de la luna. Sienta su poder fluyendo a través de usted. Conozca y acepte que está conectado a este poder y, por lo tanto, conectado con el universo.

4. Cuando se sienta preparado, abra los ojos y observe la noche y sus vistas. Debería sentirse muy alerta y con los pies en la tierra. Este es el poder de la luna fluyendo a través de usted.

5. Levante la jarra e imagine que el agua está llena de la sabiduría de la luna mientras la vierte en el cuenco. Imagine que la luz de la luna carga el agua aún más con su energía. Llene el cuenco y deje la jarra en el suelo.

6. Ubíquese sobre el cuenco para evitar que su sombra bloquee la luz de la luna que se refleja en el agua.

7. Mire fijamente el agua. No se esfuerce por ver imágenes. Deje que aparezcan solas. Puede que vea palabras o imágenes reales o escenas en el agua. También es posible que le vengan a la mente ideas y conceptos. Anote todo lo que vea y piense en un diario. Puede quedarse mirando el agua durante minutos u horas.

8. Si los mensajes no tienen sentido inmediatamente, no pasa nada, puede que tengan más sentido en los próximos días. El mensaje puede referirse a usted o a alguien cercano.

9. Use el agua para hacer más magia posteriormente, o riegue sus plantas con ella.

Tenga en cuenta que puede realizar este método de adivinación con un lago o un río en lugar de un cuenco de agua.

Adivinación con péndulo

Trabajar con péndulos es una de las maneras más fáciles de obtener el conocimiento divino que quiere. Todo lo que debe hacer es formular preguntas de sí o no y esperar una respuesta. Puede hacer su propio péndulo o comprar uno ya hecho. Si va a hacer el suyo, puede trabajar con cualquier objeto pesado. Una piedra o un cristal son estupendos. También necesitará una cuerda o alambre de joyería y una cadena ligera. Enrolle el alambre de joyería alrededor de la piedra y, en la parte superior, cree un bucle. Pase un extremo de la cadena por el lazo. La cadena debe ser lo suficientemente larga para balancear la piedra, pero no tanto como para que tropiece con todo. Para no hacerse daño, lime o meta los trozos de alambre que sobresalgan.

Cuando haya terminado, es hora de cargar el péndulo. Métalo en agua salada durante toda la noche. Asegúrese de que la piedra con la que trabaja soporta bien la sal y el agua. Si no, puede enterrarlo o dejar que absorba la luz de la luna durante la noche.

Después de esto, debe realizar la calibración. Básicamente, quiere saber cómo se comunica su péndulo para decir sí y no. Agárrese a la cadena y deje que la piedra cuelgue, manteniendo el antebrazo en equilibrio sobre una mesa para mayor estabilidad. A continuación, haga una pregunta obvia de sí o no, como «¿Me llamo Gary?». Si lo es, debería verla oscilar de un lado a otro o de adelante hacia atrás como un sí. Haga otra pregunta que le dé un no, y luego otra que le dé un sí. Haga un par de preguntas más y debería saber lo que significan los diferentes movimientos. Tenga en cuenta que a veces puede obtener un movimiento circular, y otras veces puede que su péndulo no responda. Cuando lo haya calibrado, podrá hacerle las preguntas que quiera.

Cómo utilizar su péndulo para la adivinación

Tendrá que hacer solo preguntas de sí o no, pero no debe dejar que eso le haga sentir limitado, porque puede aprender mucho de las preguntas correctas. Puede trabajar con un tablero de adivinación, que tiene letras en él. Es casi como una tabla ouija, ya que tiene números, letras y palabras, tal vez, no y sí. También puede utilizar el péndulo como varilla de zahorí para encontrar objetos perdidos. Muévase por la habitación en la que sospecha que está el objeto y observe si su péndulo se mueve más rápido (lo que significa que está cerca de él) o más lento (lo que significa que está lejos). Si necesita encontrar algo, pero solo conoce el país o el edificio, puede utilizar una lista de cada estado, un mapa, una lista de cada habitación o los planos del edificio. Deje que el péndulo planee sobre cada lugar y preste atención a dónde sus movimientos parecen más excitados. Puede incorporar cartas del tarot si busca respuestas que requieran mucho más que un simple sí o no. Utilice el péndulo para que le guíe hasta la carta, que luego podrá interpretar según necesite.

El *Ogham* celta

La palabra *Ogham* procede del nombre del dios celta Ogmios u Ogma. Es el encargado de conceder la alfabetización y la elocuencia a todos. Los pentagramas *Ogham* tienen letras del alfabeto *Ogham* y se utilizan como herramientas de adivinación para aquellos que eligen practicar su oficio de brujos a la manera celta. El alfabeto *Ogham* constaba de veinte letras; más tarde, ese número aumentó a 25. Todas las letras corresponden a un sonido y representan un árbol o una madera concreta. También representan diversos aspectos de lo que significa ser humano.

Si quiere, puede crear sus propios pentagramas *Ogham*. Todo lo que necesita es encontrar ramitas de la misma longitud o cortarlas de la misma longitud. Necesitará 26, siendo la última la que quede en blanco. Lo ideal es que cada ramita mida entre 10 y 15 cm. Con papel de lija, alise las ramitas y talle los símbolos *Ogham* en cada una, un símbolo por ramita. Si lo prefiere, puede pintarlos.

Cuando haya terminado, reflexione sobre el significado de cada símbolo. Siéntese con cada uno de ellos en meditación, impregnándose con su aura y sus interpretaciones únicas. Debería ser capaz de sentir la magia de cada símbolo. Asegúrese de que está en el estado mental adecuado para ello y de que no se distraerá. Después, consagre los pentagramas pidiendo ayuda a su deidad preferida y puede comenzar a trabajar con los pentagramas. Para ello, guárdelos en una bolsa y piense en lo que quiere saber. Meta la mano en la bolsa, baraje los pentagramas y saque uno. A continuación, el alfabeto *Ogham* y el significado de cada letra:

Beth o Beith: Abedul, nuevos comienzos, renacimiento, liberación, purificación, cambio, resistencia, liberación de energías negativas, aprendizaje de hábitos tóxicos, descubrimiento de relaciones tóxicas, dejar ir la toxicidad, necesidad de centrarse en lo positivo, tiempo para la regeneración emocional y espiritual, fecundidad después de tiempos difíciles.

Luis: Serbal, bendiciones, protección, sabiduría, perspicacia, alta conciencia, intuición, confianza, mantenerse fiel a la naturaleza espiritual, permanecer enraizado cuando se está inseguro.

Fearn o Fern: Aliso, evolución del espíritu, equinoccio de primavera, marzo, resistencia, perseverancia, individualidad, aprecio por la singularidad de los demás, mediación, instinto, consejo sabio, la voz de la razón.

Sallie o Suil: Sauce, crecimiento rápido, nutrición, abril, curación, protección, ciclos lunares, misterios femeninos, ciclos femeninos, alivio del dolor, flexibilidad, adaptabilidad, apertura al cambio, aceptación de lecciones desagradables para el crecimiento espiritual, necesidad de tomarse un descanso, descanso espiritual, confianza en el cambio venidero, llamada a la flexibilidad en asuntos espirituales.

Nionor Nin: Ceniza, la conexión del mundo interior y el mundo exterior, la creatividad, el sacrificio por objetivos más elevados, la sabiduría, las consecuencias, la interconexión espiritual y el equilibrio entre lo natural y lo sobrenatural.

Huath o Uathe: Espino, defensa, protección, limpieza, Beltane, fuego, energía masculina, fertilidad, virilidad, concepción exitosa de niños, salud, fuerza espiritual, superación de problemas, guía, ser una fuerza en la que otros puedan apoyarse.

Duir o Dair: Roble, confianza en sí mismo, resistencia, fuerza, dominio, verano, puertas, éxito, dinero, fertilidad, buena fortuna, masculinidad, durabilidad, salud, prevalecer ante las dificultades y la imprevisibilidad.

Tinne o Teine: Acebo, siempre verde, coraje, inmortalidad, hogar, estabilidad, unidad, protección, cambio, transición, bendición, llamada a escuchar la intuición, rapidez de respuesta, adaptabilidad a nuevas situaciones, triunfo, confianza en el instinto, equilibrio entre lógica y deseo.

Coll o Call: Avellana, agosto, luna de avellana, fuerza vital, creatividad, sabiduría, conocimiento, adivinación, aguas sagradas, autodefensa, utilizar lo que se tiene, compartir lo que se sabe, buscar la inspiración, dejarse llevar por lo divino, trabajar con el arte, recibir más inspiración.

Squirt o Ceirt: Manzano, fidelidad, renacimiento, amor, magia, ciclo interminable de la vida, fertilidad, prosperidad, necesidad de tomar la decisión correcta, apertura a nuevos caminos, recibir dones espirituales, permitir que las cosas no tengan sentido.

Muin: La vid, el vino, la profecía, la verdad, la pausa antes de hablar, la honestidad, la adivinación, la moderación en los placeres de la vida.

Gort: La hiedra, la búsqueda de uno mismo, lo salvaje, el crecimiento, el misticismo, la evolución, el desarrollo espiritual, *Samhain*, octubre, el renacimiento, la muerte, la vida, la buena fortuna para las mujeres, la protección contra la magia, la protección contra las maldiciones, el amor, el destierro de todas las cosas y relaciones negativas, la búsqueda de respuestas desde el interior, la búsqueda de aliados espirituales en el exterior.

Ng o nGeatal: Junco, propósito, acción, salud, curación, amigos y familia, liderazgo, reconstruir lo que ha sido derribado, devolver el orden, proactividad sobre-reactividad, crecimiento espiritual.

St o Straith o Straif: Endrino, autoridad de control, triunfo sobre los enemigos, fuerza, magia oscura, la Morrigan, la Crona, esperar lo inesperado, aceptar el cambio de planes, influencia externa, el comienzo de un nuevo viaje, sorpresas agradables y desagradables por venir.

Ruis: Sauco, invierno, finales, conciencia de la experiencia, madurez, rejuvenecimiento, recuperación, la Diosa, los Fae, preservación, transición, conocimiento, madurez, una llamada a ser infantil, novedad.

Ailim o Ailm: Olmo, perspectiva, visión, *Beltane*, flexibilidad, visión de conjunto, objetivos a largo plazo, preparación, notar el progreso, crecimiento espiritual, sabiduría e inspiración y ayuda de los demás.

Onn u Ohn: Aulaga, planes a largo plazo, determinación, esperanza, perseverancia, desterrar lo malo, manifestar el deseo, utilizar sus dones para bendecir a los demás, tutoría, liderazgo.

Ura o Uhr: Brezo, generosidad, pasión, mensajeros espirituales, el Otro Mundo, seguridad de victoria, tiempo para desestresarse, curación física, mental y espiritual.

Eadhadh o Eadha: Coraje, resistencia, durabilidad, éxito, voluntad fuerte, triunfo sobre enemigos y obstáculos, protección, los Fae, doblarse, pero no romperse, adversidad a punto de terminar, liberación del miedo, permitirse ser vulnerable, centrarse en el crecimiento espiritual, dar el primer paso.

Iodhadh o Idad: Tejo, finales, muerte, lo nuevo de lo viejo, renacimiento, grandes cambios por venir, momento de soltar lo que no sirve, aprovechar las grandes transiciones.

Eabhadh: Árboles de arboleda, resolución de conflictos, consejo sabio, justicia, armonía espiritual, aclaración de malentendidos, necesidad de comunicación, predicar con el ejemplo, menos hablar y más actuar, equidad, sabiduría y ética.

Oi u Oir: Bonetero, fuerza en la vulnerabilidad, honor familiar, cumplimiento de las obligaciones, curiosidad, conexión con los demás.

Uillean: Madreselva, manifestar su deseo, deseos secretos, metas, encontrar quién es, libertad para ir tras lo que quiere, cumplir sueños, disfrutar de la vida, aferrarse a los valores, descubrir misterios.

Ifin o Ifin: Pino, visión, conciencia tranquila, necesidad de dejar de sentirse culpable, tiempo de enmendarse, tiempo de seguir adelante, ser intelectual en lugar de emocional.

Amhancholl o Eamhancholl: Avellano, limpieza, purificación, liberación de cargas emocionales, liberación de energías anquilosadas, reevaluación del viaje espiritual, replanteamiento de prioridades.

Capítulo 8: Magia de cocina

Las brujas del cerco han existido durante siglos y han aprendido a usar sus habilidades culinarias para la magia de muchas maneras. Lo que las brujas del cerco suelen practicar se conoce como magia de cocina. La magia de cocina puede ser practicada por cualquier persona interesada, independientemente de su espiritualidad o sistema de creencias. Tanto si busca hacer nuevos amigos mientras alimenta a su comunidad, como si quiere unirse a un aquelarre que comparta sus creencias paganas, este capítulo le ayudará a iniciarse en la práctica de la magia de cocina cotidiana como una bruja del cerco.

La magia de cocina es divertida y poderosa. Todo empieza en la chimenea, que es de donde se alimenta toda la casa. Es una práctica muy antigua, realizada por mujeres que conocían bien el poder de las plantas y las hierbas y que sabían cómo canalizar ese poder para conseguir diferentes efectos, desde la curación y la bendición hasta la protección contra el mal de ojo.

La cocina es un lugar del hogar con muchas supersticiones e historias. Originalmente, el fogón estaba pensado para hacer ofrendas a las divinidades y hacerlas partícipes. Donde otros solo ven ingredientes para cocinar, la bruja de la cocina puede ver y sentir la magia que espera a ser aprovechada. Se podría pensar que el proceso de la magia de cocina es como la meditación, en la que todo lo que se hace en la cocina, desde cocinar hasta limpiar, está impregnado de una intención mágica.

Al igual que otros tipos de magia, la magia de cocina puede realizarse con fines buenos o malos. Las recetas que encontrará en este capítulo son ejemplos de magia de cocina buena. Puede transformar su cocina en un lugar de alquimia, donde usted es el mago que mezcla ingredientes para producir resultados mágicos y crear platos maravillosos que deleiten los sentidos y contengan numerosas propiedades mágicas.

Su magia en la cocina no tiene por qué limitarse a la comida. Puede utilizar sus habilidades culinarias y sus conocimientos de magia de cocina para crear velas y otros adornos asombrosos. Intente mezclar ingredientes naturales, como cera de abeja, cera de soja y aceites esenciales para hacer velas aromáticas. En internet hay cientos de recetas para hacer estas velas naturales. También puede utilizar la magia de cocina para fines más prácticos, fabricando su propio detergente o productos de limpieza.

Nadie es mejor anfitrión que una bruja del cerco que hace magia de cocina. Puede confiar en que todo lo que hay en su cocina es una herramienta mágica. Puede utilizar su cuchillo de carne como boline o athame. Puede usar una zanahoria como varita mágica. No importa con qué trabaje. Lo que importa es la actitud con la que lleva a cabo su arte, así que si quiere practicar, debería considerar su casa como un espacio sagrado.

Qué hacen las brujas de cocina

Una bruja de cocina puede cultivar sus propias hierbas si lo desea. Puede trabajar con ellas para bendecir a otros o realizar una limpieza necesaria. También puede practicar la taseomancia para ayudar a sus invitados, preparar una infusión especial para ayudarle si tiene un resfriado o depresión y mucho más. Como bruja del cerco, también es una bruja de la cocina si decide hacer magia con la comida. No hace falta que sea creyente ni que sus inclinaciones religiosas le alejen de su oficio. Sabrá si tiene habilidades para la magia en la cocina por su forma de cocinar. Si le apasiona preparar buenos platos y le encanta que los demás disfruten de su cocina, no está muy lejos de convertirse en una bruja de la cocina. Todo lo que necesita es un poco de intención mágica.

¿Cree que usted es una bruja de cocina?

A una bruja de cocina también se la llama bruja de cabaña; sus hechizos son sus comidas mágicas. Puede trabajar con deidades o espíritus mientras cocina para atraer su energía y hacer que sus hechizos sean más poderosos. Si se siente atraído por la magia de cocina, pero no sabe por dónde empezar, lo primero que debe hacer es simplificar las cosas. Esta magia es muy práctica y directa. Lo que va a cambiar en su forma de cocinar es que cada parte del proceso llevará más atención e intención. Al hacer esto, va a notar que la forma en que piensa en su casa y en su espacio personal también cambiará.

Su encimera y su estufa le servirán de altar, así que puede colocar en ellas los objetos espirituales que le recuerden lo que quiere conseguir con su magia. Además, querrá preparar su casa para que la gente se sienta relajada cuando entre, como si estuviera escapando de las duras realidades del mundo.

Quizás quiera dedicarse a la jardinería, ya que es estupendo tener hierbas frescas a mano para preparar cualquier comida que quiera. Todo lo que necesita es un alféizar con suficiente luz solar para cultivar sus hierbas. Además, cultivar plantas en casa aporta una energía encantadora y mágica. Si no puede cultivar hierbas o no le interesa, tampoco pasa nada. Puede trabajar con hierbas secas; que estén secas no significa que hayan perdido su potencia.

Según las tradiciones y la sabiduría popular, también debería informarse sobre lo que representa cada hierba y planta con la que trabaja. Averigüe también el significado de cada utensilio de cocina. Por ejemplo, al barrer la suciedad del suelo, debe vaciarla fuera de casa para que entre más fortuna en su espacio y en su vida. Así, la próxima vez que lo haga, ser más consciente de la implicación espiritual garantiza que atraerá la buena fortuna.

Preparar el espacio

Su altar no debería estar desordenado, así que tenga cuidado si es así. Use sus manos o una escoba mágica para barrer todas las energías rancias, atascadas y negativas que aún rondan el espacio cuando todo se haya ido. En su altar, coloque algunas estatuas o símbolos que representen las energías y seres con los que quiere trabajar su arte. Pueden ser generales o específicos para hechizos concretos que quiera realizar.

También debe colocar en su altar las herramientas que utilizará, como utensilios, cucharas, palillos, un mortero, cuchillos, athame, varita, etc. También necesitará tener a mano su grimorio, para consultar los hechizos que tiene en él o tomar notas sobre lo que hace de forma diferente con el hechizo en el que está trabajando cuando sea necesario. También puede colocar allí sus hierbas sagradas y otros alimentos. No olvide que necesitará su caldero. Aunque no tiene por qué utilizarlo, ya que puede ser simplemente simbólico. Usted decide cuál es la mejor opción para usted.

Trabajar con deidades

No tiene por qué dedicarse a una deidad más que a otra. Puede trabajar con varias para hacer diferentes hechizos. Por ejemplo, si quiere hacer una comida de la suerte, trabajar con Fortuna es una buena idea. Es la diosa de la fortuna. Otra diosa con la que puede trabajar es Annapurna, que supervisa la comida y la nutrición según los hindúes. Anna significa «alimento», y Purna significa lleno o completo. Ella se encarga de nuestro sustento. Según la tradición, su consorte, Shiva, declaró una vez que los hombres eran el género superior. Entonces, Annapurna desapareció enfurecida y, como consecuencia, el mundo se sumió en una terrible hambruna. Todos se salvaron solo cuando ella decidió regresar y compartir su generosidad con el mundo. Trabajar con ella bendecirá sus hechizos.

También puede trabajar con Andhrimnir. Él es el chef de los Dioses Aesir. Según la tradición, cada día mata a Saehrimnir, el jabalí, y luego lo cocina para ofrecérselo a los dioses. Cada noche, Saehrimnir vuelve a la vida. Es bueno trabajar con Andhrimnir porque es un cocinero increíble, así que si quiere hacerlo mejor y dar a sus seres queridos una comida que no olvidarán, trabaje con él.

Hestia, la diosa griega del hogar, es otra deidad que puede ayudarle. Está relacionada con la familia, el calor, el amor y la comida. Según la tradición, Zeus confiaba en Hestia para asegurarse de que el fuego del Olimpo no se apagara. Para ello, ofrecía carne grasa en sacrificio. Trabaje con ella y tendrá comidas que reforzarán la conexión entre todos los que estén bajo su techo o participen en ellas.

Hechizos mágicos

Aunque todos los ingredientes de la comida son mágicos si usted lo reconoce, el conocimiento clave que necesita está alrededor de las especias y hierbas y sus propiedades energéticas. Cuando conozca sus poderes, solo tendrá que añadir el ingrediente correspondiente a su comida para convertirla en mágica. He aquí una lista rápida de las especias y hierbas básicas con las que puede trabajar y lo que aportan a la mesa en términos mágicos:

- **Romero:** Bueno para la memoria, fomenta el pensamiento claro y la protección y aumenta la fuerza y el coraje. También es

bueno para bendecir.
- **Pimienta dioica:** Excelente para la energía, la felicidad, la paz y el éxito.
- **Canela:** Aumenta los poderes psíquicos, da éxito y favorece la curación.
- **Jengibre:** Actúa como un potenciador de la energía y acelera la velocidad de manifestación de sus hechizos. También es bueno para hechizos de poder, dinero y amor.
- **Cilantro:** Úselo para asuntos de dinero y salud.
- **Clavo de olor:** Se utiliza para la purificación, la protección y el éxito.
- **Albahaca:** Potencia la creatividad, inspira valor y es estupenda para la protección. También aporta abundancia, buena suerte, poder psíquico, lujuria y amor.
- **Hojas de laurel:** Sabiduría, adivinación, prosperidad, protección, amor y alegría.
- **Ajo:** Excelente para protegerse de las energías negativas. También es bueno para alcanzar el poder.
- **Perejil:** Añádalo a sus hechizos de purificación.
- **Menta:** Utilícela para atraer el éxito, el amor, el dinero y la lujuria. Favorece la felicidad, la paz y la seguridad.

La menta fomenta la felicidad

Comunistas, CC BY-SA 4.0 <https://creativecommons.org/licenses/by-sa/4.0>, vía Wikimedia Commons: https://commons.wikimedia.org/wiki/File:Mint_leaves_(Mentha_spicata).jpg

- **Nuez moscada:** Úsela para la intuición y el crecimiento psíquico. Úsela también para fomentar la paz, la felicidad y la prosperidad.
- **Salvia:** Para la sabiduría espiritual, la adivinación, la protección, la purificación, la longevidad, el coraje, la riqueza y la prosperidad en todos sus asuntos.

Recetas mágicas de cocina

Cuando prepara una comida, utiliza varios ingredientes con diferentes propiedades mágicas. El truco aquí, por lo tanto, es centrar su atención y energía en manifestar las propiedades de los ingredientes específicos que utiliza. Algunas personas tienen recetas como «Pastel Adiós Mala Suerte» o «Sopa Vegetal Sentirse Mejor», pero la verdad es que el mismo pastel o la misma sopa pueden usarse para otros propósitos además de alejar la mala suerte o hacer que alguien se sienta mejor, porque contienen otros ingredientes.

Así que, piense en su intención para su hechizo, luego considere las hierbas y especias que crearían esa energía y luego prepare la comida enfocándose en esas energías mientras trabaja con esas hierbas. No es práctico nombrar una receta con un propósito específico. ¿Qué va a hacer, preparar un pastel de canela con canela como único ingrediente? No tiene sentido. Así que mantenga su intención mientras cocina y, cuando llegue el momento de añadir los ingredientes cuyas energías quiere utilizar, haga una rápida oración indicando en qué quiere que le ayuden antes de añadirlos a la comida. Así que, ¡vamos con algunas recetas que puede probar!

Pollo a la marinera

Gracias a Tasty.co por esta receta.

Necesitará:
- 3 libras de pollo (protege a su familia y su casa).
- 1 cabeza de ajo, en puré o rallado (ofrece protección).
- ¾ taza de albaricoque seco (para el amor).
- 3 cucharadas de orégano seco (amor, suerte, protección).
- 2 cucharaditas de sal kosher (purifica y protege).
- ⅓ taza de aceite de oliva (fomenta la protección, la paz y la lealtad).

- 3 ciruelas rojas deshuesadas y cortadas en cuartos (fomenta la relajación, el amor y la lujuria).
- 1 taza de aceitunas verdes (igual que el aceite de oliva).
- ⅓ taza de vinagre de vino tinto (alegría, salud, fuerza física).
- 6 tazas de cuscús (nutrición, abundancia).
- ⅓ taza de vino rosado seco (alegría, amistad).
- ½ taza de alcaparras en salmuera (ofrece protección y amor).
- ⅓ taza de albahaca fresca, cortada en rodajas finas (fomenta la prosperidad y el amor).
- ⅔ taza de azúcar moreno claro (para mejorar el humor, hacer que la gente le favorezca, fomentar el amor).
- 3 hojas secas de laurel (ofrece protección psíquica).

Tenga en cuenta que puede utilizar un vino rosado burbujeante en lugar de vino rosado seco. También puede utilizar sal rosa del Himalaya en lugar de sal kosher.

Pasos:

1. Utilice la sal para sazonar el pollo de manera uniforme.
2. Esparza una cucharada de orégano y el ajo por todo el pollo.
3. En una fuente de cristal para hornear de unas 9 x 13 pulgadas, mezcle el aceite de oliva, las aceitunas verdes, el vinagre de vino tinto, dos cucharadas de orégano, las alcaparras, los albaricoques, las ciruelas y las hojas de laurel.
4. Añada el pollo a la fuente y dele la vuelta para cubrirlo con la mezcla. Deje la parte de la piel hacia arriba.
5. Cubra la fuente con film transparente. Deje reposar el pollo en el frigorífico durante 12 horas o toda la noche.
6. Precaliente el horno a 375 grados Fahrenheit.
7. Saque el pollo de la nevera. Déjelo reposar media hora para que vuelva a la temperatura ambiente.
8. Seque el pollo con una toalla de papel.
9. Espolvoree el azúcar moreno sobre la piel del pollo.
10. Eche la rosa alrededor del pollo, pero no sobre la piel.
11. Hornee de 35 a 40 minutos, o hasta que el termómetro marque 160 grados Fahrenheit (al insertarlo en el pliegue de un muslo cerca del hueso). La piel debe tener un bonito color dorado.

12. Saque el pollo del horno y déjelo enfriar durante diez minutos. La temperatura subirá 5 grados, gracias al calor residual.
13. Sirva el pollo con la salsa junto con el cuscús. Utilice albahaca para adornar.

Pollo asado a las hierbas

Necesitará:
- 1 pollo entero (limpia).
- 1 cebolla, cortada en trocitos (para eliminar enfermedades).
- ½ barrita de mantequilla salada (proporciona alimento en todos los aspectos de la vida).
- 1 puñado de hierbas frescas (combine melisa, tomillo y romero).
- 2 limones, sin pelar, cortados en trozos (para la purificación).
- Sal al gusto (para protección y purificación).
- Pimienta al gusto (también para protección y purificación).

Pasos:
1. Precaliente su horno a 350 grados Fahrenheit.
2. Limpie su pollo si no está ya limpio. Deshágase de las tripas, lávelo todo con agua y séquelo con toallitas de papel para eliminar la humedad excesiva.
3. Exprima uno de los trozos de limón en el centro del pollo y, a continuación, rellénelo con las cebollas, las hierbas frescas y el otro trozo de limón. Utilice un cordel para atar las patas del pollo y asegurar el relleno.
4. Ponga el pollo en una fuente y déjelo hornear veinte minutos por cada kilo que pese a 350 grados Fahrenheit.
5. Cuando solo queden cuarenta minutos de horneado, o justo antes de que la piel esté crujiente, derrita la mantequilla. Vierta la mantequilla derretida sobre el pollo y vuelva a meterlo en el horno.
6. Cada diez o quince minutos, utilice los jugos de la sartén para ponerle al pollo.
7. Sáquelo y espere a que se enfríe antes de servirlo.

¿Qué otras recetas conoce? Tenga en cuenta sus especias, hierbas y otros ingredientes. ¿Cómo puede convertirlos en hechizos mágicos? No hay límites y no hay forma incorrecta de hacerlo.

Capítulo 9: *Sabbats* y rituales sagrados

Las brujas del cerco están en sintonía con la naturaleza, lo que significa que son conscientes de sus cambios a lo largo del año. En este capítulo, examinamos cada uno de los ocho festivales de la Rueda del Año, centrándonos en los aspectos paganos del ciclo.

Sabbats

Los *sabbats* son fiestas que se celebran para marcar el comienzo de cada estación y sus puntos intermedios. Se reparten uniformemente a lo largo del año. Estos *sabbats* tienen sus raíces en el paganismo germánico y celta. La palabra *sabbat* procede etimológicamente de la lengua hebrea y es un concepto central en el judaísmo. Está relacionado con la palabra «*sabbat*», un tiempo para reunirse y asegurarse de que se llevan a cabo ciertos ritos y rituales.

Las ocho fiestas paganas o *sabbats*

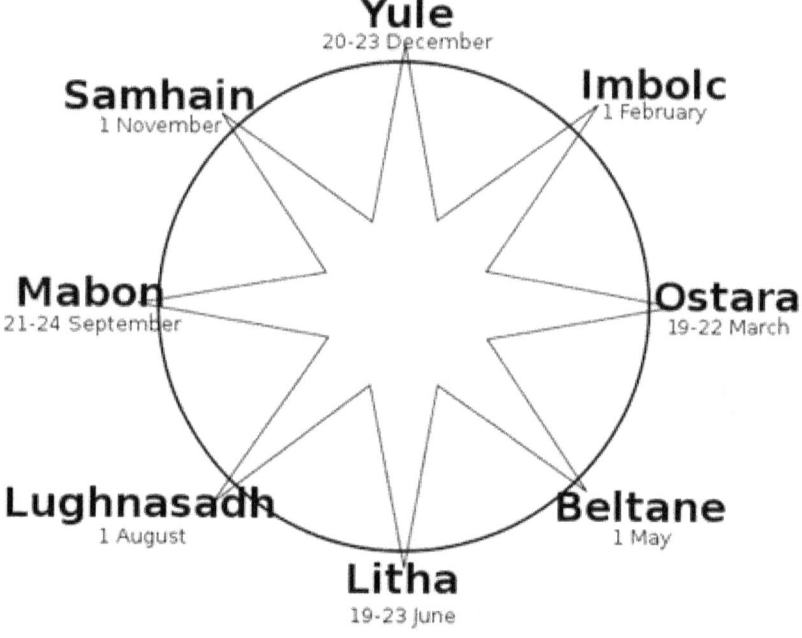

Calendario de las ocho fiestas paganas
https://commons.wikimedia.org/wiki/File:Wheel_of_the_Year.svg

Yule: Es el solsticio de invierno, que tiene lugar del 20 al 23 de diciembre. En este momento, los días son más cortos de lo habitual. Es cuando todo el mundo hace lo que debe para prepararse para los tiempos fríos que se avecinan. Es un buen momento para recordar que el elemento del fuego y el sol aportan calor a todos y hacen posible la vida en el planeta. Es entonces cuando la gente suele decorar los árboles con comida, concretamente con el tipo de comida que se da bien en épocas frías. Con ello se pretende recordar a todos que, aunque las cosas se pongan oscuras y frías, el crecimiento es un proceso continuo y la vida nunca acaba.

La Navidad tiene ciertas tradiciones que toma prestadas de este *sabbat*. Por ejemplo, está el árbol de Navidad, originalmente destinado a alejar a los espíritus negativos del inframundo y bendecir con excelente suerte. También está el muérdago, que se utilizaba con el mismo fin. Yule es una tradición muy antigua, una de las más antiguas en lo que respecta a la civilización humana. El solsticio de invierno se celebra el día más corto del año.

Cómo celebrar Yule

1. Yule es un momento excelente para reunirse con la familia y los amigos.
2. Puede encender su árbol de Navidad sin necesidad de talar un árbol.
3. Decore su casa de rojo y blanco.
4. Haga entrar la energía de Yule con un regalo para un ser querido.
5. Lleve un lazo rojo, ya que simboliza el amor y la pasión, pero lo más importante es que simboliza la resistencia eterna del amor a través de las luchas y las pruebas.
6. Encienda velas y decore con muérdago, acebo, hiedra, tejo o ramas de pino.
7. Cuelgue adornos en el árbol o alrededor de su casa para atraer la buena suerte en abundancia durante todo el año. También puede colgar campanillas de viento, que lo pondrán rápidamente en armonía con las energías del espíritu en movimiento mientras entonan su melodía por toda la casa.

Imbolc: Cae el 2 de febrero y se celebra en honor de la diosa Brigid, que bendice a todos con la fertilidad. En otras palabras, es como una primavera violenta. En este *sabbat* se reúne con otros y celebra la llegada de la primavera, la primavera misma y otras cosas buenas de su vida. También es un momento en el que se evalúa la vida personal para ver si hay que hacer alguna mejora en la forma en que vivimos. Es cuando se ponen velas, bollos y otros alimentos y se decoran en honor de la llegada de la primavera. Recuerda a todos que los tiempos difíciles están a punto de terminar.

Imbolc también es un momento sagrado para meditar sobre el amor, que se supone que conduce a la felicidad, la paz, el reconocimiento de los demás y una sensación general de bienestar. Esto recuerda que, para que algo se considere realmente sagrado, no solo debe estar relacionado con la propia vida, sino también con el bienestar de los demás. Por esta razón, en la antigüedad era importante hacer algo que beneficiara a todos los que vivían alrededor.

Este es el punto medio entre el solsticio de invierno y el equinoccio de primavera. Durante este tiempo, notará que los días se hacen más largos. Eso significa que es hora de disfrutar de alimentos más ligeros y, en general, de más optimismo. El elemento fuego que actúa es la llama o luz/calor, mientras que el agua sigue siendo el elemento de purificación. Durante este tiempo se hace lo que se puede para asegurar una buena temporada de cultivo, de modo que se puedan cultivar los alimentos y crear riqueza para usted y su familia. La mejor manera de hacerlo es asegurarse de que los restos del año pasado y la mala energía o los espíritus no se queden, sino que se vayan. Para ello, se barren las casas y negocios con escobas de caña. Se retiran los muebles viejos y se traen muebles nuevos y frescos. También está la tradición de encender una vela en el alféizar de la ventana para indicar que ha llegado la primavera y que la vida seguirá adelante. Esta fiesta no tiene que ver con la fertilidad, como mucha gente cree. Se trata de celebrar la abundancia que trae consigo en general la estación.

Cómo celebrar Imbolc

1. Puede hacer una fiesta en honor de Brigid y a todas las bendiciones que trae a su vida y la de todos los que le rodean. Páselo bien y ¡coma, beba y alégrese!

2. Encienda una vela en el alféizar de la ventana para señalar el nuevo crecimiento y el futuro que espera.

3. Celebre la llegada de la primavera decorando con flores, plantas, gavillas de trigo o nuevos brotes en general. Por ejemplo, si es 2 de febrero, puede decorar con ramas de abeto recién cortadas y espolvoreadas con sal de invierno (véase la descripción más abajo). Esto significa renovación y borrón y cuenta nueva para usted después de los duros meses de invierno.

4. También puede decorar la casa con flores o tallos de trigo.

5. Haga bollos de trigo con azafrán, que le recordarán la importancia de la comida en su vida y representan una forma antigua de esta fiesta.

6. Asegúrese de que su casa está limpia, así como su casa de magia o templo, si tiene uno en casa. Así sabrá que los malos espíritus que puedan haber estado rondando desde el año pasado ya se han ido y no volverán pronto. Y si lo hacen, al menos será porque fueron invitados.

7. Cree un deseo y déselo a conocer a la diosa, luego viva el resto de su vida sabiendo que Brigid ha tenido en cuenta su deseo, pero que depende de usted sacar el máximo provecho de lo que ocurra.

Ostara: Es el equinoccio de primavera y cae entre el 19 y el 22 de marzo. Eso significa que en esta época hace sol y calor. También es un día de renovación y del estado natural de las cosas. Es cuando se hace lo necesario para que la vida vaya bien, tanto personal como profesionalmente. Nos referimos a asegurarse de que no hay nada negativo que necesite eliminar, y de que todo lo que ha añadido durante el invierno tiene la oportunidad de florecer. Este es también un momento para el amor romántico, la fidelidad en el matrimonio, las relaciones de amistad uno a uno, la pertenencia a un grupo o sociedad y las asociaciones laborales. Notará que está más interesado en el sexo y el romance que en la religión, lo que también es un signo de la primavera.

Los elementos del agua y del espíritu se fusionan en este momento, lo que significa que es hora de hacer las paces con las condiciones existentes y con el pasado. Invite a otras personas a su casa para comer y conversar para darse fuerzas mutuamente. Como es el equinoccio de primavera, también es el mejor momento del año para plantar nuevas semillas o plantas, añadiendo algo de belleza a su hogar. También es un buen momento para mudanzas a nuevos hogares y nuevas carreras. La festividad cristiana de Pascua toma mucho prestado de esta fiesta que en realidad es en honor de la diosa Eostre, de origen germánico.

Cómo celebrar Ostara

1. Puede decorar con flores y plantas, especialmente semillas y arbolitos, si los tiene.
2. Puede crear cestas tradicionales de Pascua llenas de alimentos como huevos, pan y vino.
3. Puede decorar para celebrar el amor, los juramentos de fidelidad, la lealtad y la amistad trayendo un ramo de flores para el porche o la puerta de entrada o adquiriendo una escoba nueva para su casa si hace muchos meses que no tiene una.
4. Puede esperar hasta el 1 de abril para trabajar en todos los votos de fidelidad, amistad y amor romántico durante Ostara.
5. Puede asegurarse de decorar su casa con flores, plantas, espigas de trigo o incluso plantas de interior para significar la renovación de la vida.
6. Intente encontrar un nuevo trabajo, ya sea en su carrera actual o en una totalmente distinta, para asegurarse de que avanza en la vida y permite que fluya la fértil energía de Ostara. Asegúrese de cumplir sus votos de fidelidad.

7. Dé paseos por el bosque y la naturaleza para limpiar su espíritu y hacer las paces con el pasado y el mundo natural actual que le rodea.

Beltane: Se celebra el 1 de mayo. También se llama Festival del Fuego y marca el tiempo entre el equinoccio de primavera y el próximo solsticio de verano. En este momento, la primavera ha avanzado y empieza a dar paso al calor y a los días más largos que marcan el verano. La raíz etimológica de Beltane procede de Bel, un dios celta, y *teine*, palabra gaélica que se traduce como «fuego». En esta época, se espera que muestre su aprecio por la primavera, agradecido porque hace que todo sea fértil físicamente y en otros aspectos de su vida. En esta época, la gente baila alrededor del palo de mayo, a menudo con coronas de flores en la cabeza. También se cree que el velo entre el mundo físico y el Otro Mundo es delgado en esta época y por lo tanto es una buena idea realizar magia que requiera un poder extra. También es el momento de celebrar la llegada de la cosecha.

Cómo celebrar Beltane

1. Puede decorar su casa para honrar la llegada del verano utilizando plantas como espigas de trigo, tallos de trigo, tallos de maíz e incluso ramitas de acebo recién recogidas.
2. Honre al dios Bel ofreciéndole granos en su altar.
3. Celebre la llegada de la cosecha colocando tres vasos de cerveza en forma de triángulo alrededor de su casa durante tres días.
4. Celebre el nacimiento del amor, la amistad y la devoción a su deidad o diosa favorita en este momento.
5. Baile alrededor del palo de mayo con sus amigos y tenga mucha alegría, risas y diversión.
6. Puede limpiar su casa eliminando las cosas innecesarias.
7. Puede plantar semillas y árboles jóvenes para honrar la fertilidad y el nuevo crecimiento, así como para honrar la vida.

Litha: Se celebra entre el 19 y el 23 de junio. También se conoce como solsticio de verano o pleno verano y, a diferencia de Yule, es el día más largo del año y la noche más corta. Puede hacer el trabajo que deba en esta época, pero también debe celebrarlo, ya que ahora tendrá días largos que le dará el tiempo suficiente para lograr sus objetivos y estar alegre. Es el momento en que muchos se comprometen y en el que las bendiciones se pronuncian sobre la tierra, por lo que la cosecha es abundante. Tradicionalmente, esta época se celebra con procesiones de antorchas y hogueras. Con ellas se pretende recordar el poder y la gloria del sol, que con el tiempo pierde su poder cuando el verano da paso de nuevo al invierno.

Cómo celebrar Litha

1. Puede decorar su casa con plantas y flores como rosas, madreselva y dedalera.
2. Es el momento de ponerse al día con los objetivos del verano.
3. Puede honrar a las deidades de la fertilidad y el sol con la decoración de su casa o colocando sus estatuas o imágenes.
4. Puede celebrar la llegada del amor, la amistad y el romance con sus seres queridos.
5. Haga ofrendas a las deidades arrojando alimentos a las hogueras, aunque no cualquier alimento, sino frutas y frutos secos como castañas y nueces, así como leche o productos lácteos como mantequilla y nata, para honrar a estos dioses.
6. Dé muchos paseos al aire libre para disfrutar del aire veraniego y para limpiar su mente de todo aquello en lo que ha estado pensando durante mucho tiempo.
7. Plante nuevas semillas y arbolitos para honrar la fertilidad y la prosperidad.

Lughnasadh: También llamado la primera cosecha, se celebra el 1 de agosto. Es un momento entre el verano y el otoño en el que se recogen las primeras cosechas de los campos. Se trata de celebrar que la tierra ha trabajado con el sol para producir más que suficiente fruta y grano para todos. Es importante dar gracias por lo bueno que se recibe. Es un momento tan alegre que muchos también eligen esta festividad para casarse. El *sabbat* debe su nombre a Lugh, el dios de la luz. Se dice que Tailtiu, su madre, ayudó a preparar las tierras de Irlanda para que las cosechas pudieran plantarse con éxito.

Cómo celebrar Lughnasadh

1. Puede decorar su casa con plantas como espigas de trigo, tallos de trigo, tallos de maíz e incluso ramitas de acebo recién recogidas.
2. También puede decorar su casa con calabazas y huevos pintados para celebrar las primeras cosechas del año.
3. En esta época, muchos hacen grandes hogueras en las que tradicionalmente se cocinan alimentos en grandes calderos para que

las llamas impartan buena suerte y bendiciones de prosperidad a la tierra. Esto se debe a que Lughnasadh es una época en la que el fuego es muy poderoso y mágico.

4. Haga ofrendas al dios y la diosa del sol arrojando comida a las hogueras.
5. Celebre a su madre o a su padre esa noche con un banquete, sobre todo porque celebra su cosecha.
6. También puede pedir poder durante el año y abundancia en todo lo que haga celebrando un ritual alrededor del fuego para ayudar a equilibrar las energías de su hogar y así ayudar a que todos sean prósperos en todos los aspectos de la vida (trabajo, amor y juego).
7. Si le es posible, use ropa nueva que signifique fertilidad y abundancia en este momento, así como zapatos nuevos, el calzado es necesario para hacer lo que hay que hacer durante este tiempo.

Mabon: También se conoce como el equinoccio de otoño, que tiene lugar del 21 al 24 de septiembre. Es cuando llega el otoño, marcando el momento de recoger la cosecha. Es una época de abundancia y todo el trabajo que la gente ha puesto en sus proyectos llega a buen término en este momento para que se puedan hacer los preparativos para los meses fríos que se avecinan.

Cómo celebrar Mabon

1. Puede decorar su altar con frutas frescas como manzanas y peras.
2. Puede colgar fruta seca como pasas y arándanos alrededor de su casa para significar la abundancia de la buena fruta recogida en la época de la cosecha.
3. Puede hacer máscaras de papel maché que parezcan calabazas y espantapájaros hechos de paja para honrar la llegada del otoño y de la temporada de cosecha.
4. Trate de ayudar a los amigos y familiares que están pasando por dificultades durante este tiempo, dándoles apoyo y oraciones.
5. Puede celebrar la llegada del amor, la amistad y la prosperidad dando gracias a su deidad favorita.
6. Limpie su casa deshaciéndose de las cosas innecesarias.
7. Use joyas de plata o piedras lunares, que se cree que celebran al dios de la tierra en esta época, y dé gracias por lo que ha recibido.

Samhain: También conocido como Halloween, se celebra el 31 de octubre o el 1 de noviembre. Es una época mágica del año, ya que es la única en la que el velo entre nuestro mundo y el Otro Mundo es más delgado, lo que permite que vivos y muertos interactúen y utilicen el poder del otro cuando sea necesario. También se conoce como la Víspera de Todos los Santos, el momento en que todos presentan sus respetos a los familiares, parientes y otros seres queridos que han fallecido. Para celebrarlo, es costumbre hacer faroles con calabazas para iluminar el camino de los que ya no están, para que puedan encontrar su próxima aventura. Puede aprovechar este momento para buscar orientación, deshacerse de la negatividad que persiste obstinadamente, buscar ayuda en situaciones difíciles o confusas y empezar el nuevo año con buen pie para tener más posibilidades de terminarlo con éxito.

Cómo celebrar Samhain

1. Puede decorar su casa con fruta fresca, así como con calabazas, velas y *Jack O'Lanterns*.
2. También puede hacer una comida especial, como un banquete, alrededor de la mesa en la que esté sentado con sus seres queridos.
3. Establezca intenciones para el Año Nuevo, diciendo lo que va a hacer y lo que quiere conseguir.
4. Entierre y queme las cosas viejas que no tengan significado o poder para permitir que las cosas nuevas influyan en su vida. Esto incluye también quemar velas como ofrenda.
5. Asegúrese de utilizar la energía de este *sabbat* para eliminar cualquier mal hábito.
6. También puede restablecer las energías de su hogar quemando salvia o deshaciéndose del desorden y de los objetos no deseados que ocupen espacio dentro de su casa.
7. Use colores oscuros en este momento para entrar en contacto con los muertos y buscar orientación sobre cómo lograr lo que desea hacer en su vida.

Capítulo 10: Su libro de hechizos

La gente a menudo se pregunta cuál es el mejor momento para practicar hechizos. No importa si lo hace por la mañana, al mediodía o por la noche. Puede tener «horas fijas» y aun así no obtener resultados porque no está en el estado mental adecuado o sus intenciones no son claras. En otras palabras, lo único que importa con un hechizo es que sepa exactamente lo que quiere lograr, y que esté en un estado mental completamente concentrado, libre de distracciones y preocupaciones.

Según la comunidad psicodélica, se podría decir que los hechizos eficaces son menos sobre el tiempo y más sobre «la preparación y la ubicación», siendo la preparación su estado de ánimo antes, durante y después del hechizo, y la ubicación el lugar en donde lleva a cabo el hechizo. Debe realizar el hechizo en un lugar donde no le molesten. Hágalo en un lugar que le resulte agradable para que pueda concentrarse en la tarea que tiene entre manos y no pierda energía tratando de hacer cómodo un espacio desconocido o incómodo.

Una nota final: Mientras que hierbas específicas son mencionadas en cada hechizo, tenga en cuenta que no hay ninguna regla que diga que debe trabajar con ellas. Por ejemplo, si un hechizo de abundancia pide una hierba, pero no la tiene a mano, siéntase libre de reemplazarla con otra especia o hierbas como la menta o el laurel.

Hechizo mágico de dinero

Este hechizo consiste en crear una bolsa de dinero que atrae la prosperidad hacia usted o hacia quien lo realice. Por favor, asegúrese de que está listo para que el dinero venga y sea responsable con él, porque funciona como, bueno, como un hechizo.

Necesitará:
- Pimienta dioica (1 pizca).
- Unas gotas de aceite esencial de bergamota.
- Un rotulador negro.
- Una bolsa de papel.
- Monedas de distintas denominaciones.

Pasos:
1. Dibuje con el rotulador los signos de moneda que quiera. Asegúrese de que destaquen. Si son más, mejor.
2. Introduzca el dinero ficticio en la bolsa.
3. Añada la pimienta dioica y el aceite de bergamota.
4. Apriete la parte superior de la bolsa para cerrarla y agítela. Las hierbas deben cubrir todos los billetes de la bolsa. Mientras la agita, afirme que el dinero viene a usted rápida y fácilmente.
5. Cuando haya terminado, muévase por el espacio, colocando los billetes en diferentes lugares donde nadie pueda moverlos.
6. Cuando haya terminado, doble con cuidado la bolsita de papel y guárdela en un lugar seguro. Espere que el dinero comience a fluir hacia usted desde fuentes inesperadas.

Hechizo para cargar la cartera

Si usted siente que el dinero no ha estado fluyendo últimamente, podría ser porque la energía de la abundancia y el flujo está siendo bloqueada por su incapacidad o negativa a buscarla. Afortunadamente, hay una manera de hacer que las cosas fluyan de nuevo, y el hechizo para cargar la cartera es uno muy potente que le traerá tanto alivio financiero como necesite.

Necesitará:
- Un bolígrafo.
- Un cheque en blanco (puede usar un cheque real o imprimir uno de internet).
- Su cartera o monedero.
- 1 cucharadita de eneldo.

Pasos:

1. En primer lugar, calcule cuánto dinero necesita para salir adelante cada mes y que aún le sobre.
2. A continuación, rellene el cheque para usted mismo con esa cantidad.
3. Doble el cheque por la mitad y ponga el eneldo en el pliegue.
4. Doble el cheque con el eneldo lo más apretado posible para sellar la hierba.
5. Ponga este cheque doblado en su cartera. Atraerá el dinero hacia usted.

Amuleto de los bolsillos abundantes

La gente no entiende lo de ser abundante y próspero porque el dinero y la riqueza pueden venir de fuentes distintas a las habituales o esperadas. Ser de mente abierta al flujo de la abundancia lo pone en condiciones de recibir más de la generosidad del universo. El amuleto de los bolsillos abundantes es un buen hechizo para ayudarle a abrir los ojos a las oportunidades de hacer riqueza que están a su alrededor.

Necesitará:

- Una cuerda o cordel.
- Un trozo cuadrado de franela verde (al menos 4 pulgadas de lado).
- 1 trozo de raíz de Juan el conquistador (atrae la abundancia).
- 1 cucharadita de manzanilla (seca).

Pasos:

1. Coloque la franela en su altar.
2. Sobre la franela, ponga la raíz de Juan el conquistador y la manzanilla.
3. Use la franela para crear una especie de bolsa juntando las esquinas. Mientras hace esto, diga o concéntrese en su intención de recibir dinero y riqueza que bendiga a todos los que lo rodean.
4. Utilice el cordel para atar bien la bolsa. Llévela con usted y úsela para atraer oportunidades de hacer dinero y bendiciones financieras asombrosas.

Dinero floreciente

Este hechizo requiere manzanas, que representan la energía de la cosecha, la prosperidad y la generosidad. Puede hacerlo cuando quiera, pero si lo realiza cuando la luna crece, tendrá una entrada explosiva de dinero u oportunidades de hacer dinero.

Necesitará:
- Flores de manzano (secas).
- Monedas nuevas.
- Un tarro de cristal con tapa.

Pasos:
1. Introduzca en el tarro todas las flores de manzano y los centavos que pueda. Asegúrese de mezclarlos en lugar de ponerlos por capas.
2. Tape el tarro y sujételo con ambas manos mientras establece una intención o reza una oración para que sus finanzas sigan prosperando.
3. Lleve el tarro a su jardín y busque un buen lugar para enterrarlo.
4. ¿Tiene un manzano? Puede enterrar su frasco debajo de él en lugar de cualquier lugar al azar para aprovechar la energía del árbol para impulsar su hechizo.

Hechizo de amor a la luz de las velas

Si está listo para el amor después de haber estado solo durante demasiado tiempo, este es un hechizo maravilloso para abrirse a la posibilidad de recibir amor y atraer a la pareja perfecta en su camino.

Necesitará:
- 1 vela rosa.
- Eneldo seco en polvo.
- Aceite de almendras, semillas de uva o jojoba.

Pasos:
1. Utilice un objeto afilado para tallar un corazón en el lateral de la vela o talle la palabra AMOR. Si quiere, puede hacer ambas cosas y añadir otros símbolos que representen la idea de ser amado. Mientras talla, recite o cante la palabra «amor», deje que

llene su corazón.

2. Cuando haya terminado de tallar, frote un poco de aceite en su vela.
3. Agarre la vela y únjala con el eneldo. Deje que se unte por completo.
4. Encienda la vela y póngala en el suelo. Lleve su mirada a la llama y sienta su energía entrando y envolviéndolo por dentro.
5. Ahora, imagine que está lleno de energía amorosa. Puede imaginársela como una hermosa y suave luz rosa. Mírela y siéntala mientras irradia fuera de usted, llenando toda la habitación y luego el mundo entero. Dese cuenta de que merece amar y ser amado como quiera. Afirme que es digno de amor en su forma más plena y verdadera.
6. Ahora, imagine que le abraza un amante. Sienta su piel sobre la suya. Permítase sonreír y sentir el calor en el pecho.
7. Deje que la vela arda hasta que se apague por sí sola y luego entiérrela en el exterior, cerca de su casa.

Hechizo para el corazón «roto»

No es fácil lidiar con rupturas y traiciones en el amor. A menudo es difícil reparar lo que está roto. Con este hechizo, sin embargo, usted será capaz de sanar mucho más rápido y mejor de lo que alguna vez pensó posible mientras integra las lecciones que aprendió de su relación. Como este es un hechizo para deshacerse de algo, puede aprovechar la fase de luna menguante. Sin embargo, si no puede esperar hasta entonces, siéntase libre de hacerlo cuando lo necesite.

Necesitará:
- Una hoguera o una chimenea.
- Objetos importantes relacionados con quien le rompió el corazón.
- Ramas de *hamamelis* (secas).
- Ramas de ortiga (secas).
- 1 pizca de jengibre (seco, en polvo).
- Una bolsa de papel.

Pasos a seguir:
1. Agarre todas las cosas que pertenezcan a su ex amante y métalas en la bolsa.
2. Meta en la bolsa el *hamamelis* y la ortiga.
3. Doble la parte superior de la bolsa para cerrarla y, a continuación, doble la bolsa lo más pequeño que pueda para que no sea más grande que un puño.
4. Prepare el fuego. Cuando esté bien caliente, ponga el paquete en la llama, apuntando para que caiga justo en el centro. Luego, mientras arde, repita: «Tengo la intención de liberar a esta persona». Tenga la intención de que ya no tenga poder sobre usted y de que todos los lazos que los mantenían unidos queden disueltos para la eternidad; si siente la necesidad de llorar, deje que las lágrimas fluyan y aproveche su energía para potenciar el hechizo.
5. Eche el jengibre seco, con la intención de que aumente la velocidad a la que se recupera su corazón.
6. Cuando el paquete y su contenido estén completamente quemados, deje que el fuego se apague de forma natural y espere a que todo se enfríe.
7. Saque las cenizas frías y llévelas lo más lejos posible de su casa o espacio ritual. Tírelas en algún lugar con mucho viento que se las lleve para que ya no se sienta mal por el final de las cosas.

Amuleto del amor de bolsillo

La raíz de Juan el conquistador también es muy útil para la fertilidad y el magnetismo sexual. Trabajar con ella le permitirá tener mucha confianza en su sexualidad, atrayendo el amor y las parejas adecuadas.

Necesitará:
- Hilo rojo.
- Raíz de Juan el conquistador.
- 1 vela roja.

Pasos:
1. Talle la palabra «amor» y la forma de un corazón en el lateral de su vela roja.
2. Encienda la vela.

3. Mientras arde, sujete la raíz con ambas manos y, con el ojo de su mente, imagine que sus manos la imbuyen con el poder del amor y la atracción pura.

4. Agarre el hilo rojo y átelo alrededor de la raíz, con la intención de que los amantes se sientan atraídos hacia usted.

5. Guárdelo en su bolsillo y observe cómo se produce la magia.

Amuleto protector de bolsillo

Es una buena idea tener siempre algo que le mantenga a salvo vaya donde vaya, así que no hay mejor amuleto que uno diseñado para hacer precisamente eso y que quepa en su bolsillo.

Necesitará:

- Hilo o cordel rojo.
- Un cuadrado de tela roja (5 cm de lado).
- Amatista (solo una pieza pequeña).
- ½ cucharadita de romero seco.
- ½ cucharadita de menta (seca).

Pasos a seguir:

1. Coloque la tela roja en su altar.
2. Ponga las hierbas y el cristal en el centro de la tela.
3. Sujete la tela por las esquinas y tire de ella hacia arriba para formar una bolsita.
4. Utilice el hilo rojo para fijar la tela en la bolsita. Mientras lo hace, tenga la intención de estar siempre a salvo y siempre protegido.
5. Puede llevarlo colgado del cuello o en el bolsillo, dondequiera que vaya.

Bolsa protectora de albahaca

La albahaca es increíble para mantenerse a salvo de las malas energías, los ataques mágicos deliberados, las maldiciones y la mala suerte. Todo lo que debe hacer es usarla en su baño cada día.

Necesitará:

- Albahaca fresca (puede utilizar albahaca seca si no la tiene disponible).

- Una bolsa con cordón.

Pasos:
1. Llene la bolsa con albahaca fresca.
2. Prepare un baño tibio. Deje que la bolsa cuelgue del grifo para que el agua corra por ella.
3. Dese un baño como de costumbre.
4. Cuando esté listo para salir, tenga la intención de que todo lo negativo haya abandonado su cuerpo, mente y espíritu, y luego salga.
5. Lleve la bolsa fuera de su casa y entiérrela lejos.

Hechizo de sueño profundo con artemisa

Este es un buen hechizo para cuando está estresado por los eventos del día y le gustaría dormir, pero tiene problemas porque está ansioso.

Necesitará:
- 1 cucharadita de miel.
- 1 taza de agua caliente.
- 1 taza.
- 1 cucharadita de artemisa (seca).

Pasos:
1. Ponga la artemisa en su taza.
2. Vierta agua caliente y deje reposar la artemisa durante 15 minutos.
3. Con un colador, separe la infusión de la materia vegetal.
4. Añada miel si lo desea.
5. Antes de beberlo, hágase a la idea de que tendrá un sueño reparador y agradable. Después, bébase el té.

El té de artemisa no es recomendable para las mujeres lactantes o embarazadas.

Hechizo para aliviar el dolor menstrual

Para algunas mujeres, los ciclos menstruales son increíblemente frustrantes. Tienen que lidiar con cambios de humor, irritabilidad, ansiedad, mucho dolor, inquietud, y así sucesivamente. Este es un excelente hechizo si sabe que sus periodos tienden a ser muy problemáticos. Puede trabajar para asegurarse de que se siente mejor.

Necesitará:
- 1 cucharada de ruda.
- Granate.
- Cornalina.
- Piedra luna.
- 1 vela blanca.
- 1 bolsa roja con cordón (pequeña).

Pasos:
1. Encienda la vela.
2. Dedique cinco minutos a mirar la llama.
3. Mientras mira la llama, imagine que su cuerpo se está curando. Imagine que una luz blanca recorre su cuerpo, eliminando todo el dolor y haciéndolo sentir más cómodo mientras se va con la hemorragia.
4. Introduzca la ruda en la bolsa con cordón mientras reza una pequeña oración o afirmación, con la intención de que su ciclo no la derrote ni la haga sentir mal. Afirme que es poderosa, fuerte y saludable y que todo malestar abandona su cuerpo ahora.
5. Cierre la bolsa tirando del cordón mientras afirma que recupera su poder y su fuerza frente al dolor que siente.
6. Lleve esta bolsita con usted cada vez que sea ese momento del mes para que se sienta mejor físicamente y sus emociones estén equilibradas.

Hechizo para abrir el tercer ojo

Necesita que su tercer ojo le ayude en este viaje por la magia del cerco. Cuanto más abierto esté, más fácil le resultará esta experiencia y más profundas serán sus percepciones.

Necesitará:
- 1 bolsa con cordón (pequeña).
- Algunas ramitas de artemisa (que sean frescas).
- Unas astillas de sándalo.

Pasos:
1. Mezcle el sándalo y la artemisa, y luego úselos para llenar la bolsita de cordón.
2. Acuéstese cómodamente, cierre los ojos y deje que la bolsita se asiente en medio de la frente, entre las cejas y por encima del nivel de los ojos.
3. Respire profundamente para calmarse y libérese de todos sus pensamientos y preocupaciones.
4. En el ojo de su mente, mírese a usted mismo más despierto espiritualmente, iluminado y abierto a la comunicación con su ser divino. Vea una luz blanca radiante que fluye desde el universo, moviéndose a través de las hierbas de su bolsa, yendo directamente a su tercer ojo, haciendo que se abra aún más.
5. Permítase empaparse del poder de esta luz blanca radiante mientras afirma que tiene más sabiduría y que está en contacto con su intuición. Afirme que su tercer ojo está bien abierto y sano.

Amuleto de refuerzo psíquico

Si quiere estar más en contacto con sus guías espirituales y ser capaz de escuchar cuando tienen mensajes críticos para usted, entonces este es un amuleto que vale la pena hacer y mantener con usted. A medida que lo use, le será más fácil acceder a visiones, obtener sabiduría y recibir información de sus ancestros y otros guías que tenga.

Necesitará:
- 1 Cucharadita de salvia (seca).
- 1 Cucharadita de canela (molida).
- 1 Cordón de cuero (de al menos 18 pulgadas de largo).
- Arcilla para modelar.

Pasos:
1. Enrolle un poco de arcilla en sus manos hasta que esté blanda y sea fácil de manipular.
2. Añada salvia y canela, trabajándolas en la arcilla con los dedos mientras imagina que está abriendo su corazón y su alma para recibir mensajes del espíritu. Puede trabajar la arcilla formando un pequeño círculo o cualquier otra forma que le guste y que sea

mágicamente significativa para usted.

3. Deje secar la arcilla y átela a su cordón o cadena. Esto le facilitará recibir mensajes espirituales con claridad.

4. Cada vez que quiera recibir orientación sobre un mensaje específico, puede sostener este objeto en su mano dominante mientras reza una oración o establece una intención para recibir perspicacia sobre cualquier tema que le esté molestando.

5. Si lo desea, puede colocarlo debajo de la almohada por la noche cuando se va a dormir, pensando en aquello sobre lo que necesita orientación. Tendrá sueños en los que su guía le comunicará las respuestas que busca. Es importante que duerma con la mentalidad de que definitivamente recibirá respuestas.

Conclusión

Durante muchos años, la autora de este libro practicó la brujería del cerco y, en el transcurso de la misma, aprendió mucho sobre los árboles, las hierbas y las plantas y su naturaleza. También aprendió cómo interactúan con el medio ambiente, lo que no solo fue un estudio intrigante, sino también una herramienta vital para ayudar a su familia y a su comunidad.

Puede que aprenda, como ella, algunas lecciones importantes de la vida practicando la brujería del cerco. La primera lección es que nunca es demasiado tarde para aprender algo nuevo. Se puede llegar a una comprensión profunda de ciertos temas, por ejemplo, leyendo libros, viendo vídeos, asistiendo a clases, etc. No hay escasez de fuentes para aprender este oficio si decide seguir el camino.

La segunda lección es pensar con originalidad. Hay tantas herramientas y formas de aprender que es útil plantear preguntas a su familia o círculo de amigos sobre lo que acaba de aprender. Por ejemplo, ¿qué podría hacer con la información recién adquirida? Haciéndose estas preguntas, podrá crecer y ampliar sus creencias, o verá si alguien ya ha hecho algo parecido, lo que puede llevarlo a seguir aprendiendo o a tomar prestado de su oficio o sus prácticas.

Haga lo que haga, no descuide el poder del viaje del cerco. Utilícelo en su beneficio para comunicarse con guías y obtener conocimientos superiores sobre los secretos que encierran ciertas hierbas y plantas y cómo utilizarlas mejor. Hay más cosas que aprender sobre estos dones de la naturaleza de las que cualquier libro del planeta podría enseñarle. Algunas plantas pueden responderle de forma diferente a como lo harían con otro brujo. Así que aproveche sus sesiones para aprender más sobre su oficio de los espíritus más sabios.

La brujería del cerco es una práctica que le enseña a honrar y respetar el mundo natural (especialmente los árboles y las plantas) y a las personas. Le enseña a formar parte del ecosistema y a amar lo que proviene de los árboles en lugar de simplemente cogerlo. Si alguna vez tiene dudas, pida permiso a las plantas o a los árboles para utilizar lo que necesite. Hay muchas formas de llevar a cabo la brujería del cerco, y puede hablar con los árboles o las plantas, cantarles, susurrarles o utilizar un péndulo, una vara adivinatoria o pentagramas rúnicos.

Cualquier método que le permita comunicarse con el árbol es aceptable. En pocas palabras, se trata de una práctica muy personal, algo que debe hacerse a nivel individual y no simplemente copiar de otra persona. Así que, si las hierbas o su intuición le dicen que puede usarlas para una determinada intención, entonces siéntase libre de hacerlo. Haga que cada hechizo y ritual sea suyo, porque el poder reside en su singularidad.

Por último, debe recordar que esto es una práctica. En otras palabras, leer es solo un paso. Tiene que hacer hechizos y ponerse en contacto con su deidad para ver resultados. No puede leer sobre una cosa y decidir que ya la domina. Ponga a prueba todo lo que ha aprendido aquí y, si no tiene éxito a la primera, eso no significa que no funcione. Tenga claras sus intenciones y vuelva a intentarlo; *nunca olvide anotar lo que hace en su grimorio*.

Segunda Parte: Druidismo del cerco

La guía definitiva del druidismo, el animismo, la magia druida, la hechicería celta, Ogham y los rituales de druidas solitarios

Introducción

En este libro, exploramos el druidismo del cerco de forma compleja, pero como el druidismo del cerco es una rama del maravilloso camino espiritual del druidismo, usted debe entender primero de lo que este se trata.

Sin ánimo de confundir, los druidas son muchas cosas. Son sacerdotes, mensajeros, científicos, filósofos, maestros, líderes, guías y más. Están en sintonía con el mundo natural y espiritual y tienen conexiones con monumentos antiguos como Stonehenge. Creían en la igualdad desde todas sus formas, antes de que se convirtiera en una cuestión política en el mundo moderno.

Pero el druidismo también es una filosofía incomprendida y, a veces, confusa. Cuando las personas no conocen mucho sobre el druidismo, a menudo malinterpretan de lo que se trata. ¿Hacen conjuros durante la luna llena? ¿Son un culto que usa túnicas para ocultar su identidad? ¿Pueden los druidas convertirse en animales? Las películas y los programas de televisión han retratado el druidismo de ciertas maneras y, aunque mucho es verdad, hay mucha información falsa.

Este libro lo pondrá en el camino correcto para obtener el conocimiento y la perspicacia de lo que es el druidismo y cómo aplicarlo a su vida en el mundo moderno. Al principio, hay una lección rápida de historia, pero no se preocupe; la información es solo para que pueda construir sobre este conocimiento y entender lo que significa realmente ser un druida.

Una vez que tenga los fundamentos, pasará rápidamente a la aplicación, que es de lo que trata este libro. Usted aprenderá lo que significa ser un verdadero druida, y no un druida simple, sino un druida del cerco. Entonces tendrá la oportunidad de comenzar a practicar lo que sabe, incluso visitando el mundo espiritual y realizando magia druida.

Esto es un viaje y comienza con el primer paso. Así que, cuando esté listo, pase a la siguiente página y comience su asombroso viaje druida.

Capítulo 1: Del druidismo al druidismo del cerco

Comencemos con el druidismo en general antes de sumergirnos en el asombroso mundo del druidismo del cerco.

¿Qué es el druidismo?

Comencemos con un contexto temporal.

El druidismo o los druidas han existido durante siglos. Aunque el druidismo antiguo es a menudo pensado como dominado por los hombres, los druidas siempre han promovido la igualdad de género. La concepción moderna de los druidas es que son hombres y mujeres con túnicas largas que participan en reuniones y rituales clandestinos. Aunque algo de eso puede ser verdad, el druidismo verdadero no se trata tanto sobre lo oculto, sino sobre lo visible. El druidismo no ha cambiado mucho a través de los años y, aunque las túnicas pueden haber sido cambiadas por atuendos más modernos, probablemente las llevaban solo porque eran prácticas; una túnica en una noche fría bajo la luna era una opción de moda y apropiada.

Los druidas existen desde hace siglos
https://pixabay.com/es/photos/magia-bosque-brujer%c3%ada-fantas%c3%ada-6585335/

Cuando se piensa en el druidismo, ciertas palabras vienen a menudo a la mente, espiritual, místico, poderoso, conocimiento y magia. Debido a esto, las personas a menudo son prejuiciosas. Creen que los druidas son personas poderosas, y todos sabemos lo que el poder le hace a la gente, especialmente en nuestro mundo moderno. No se preocupe. Todo lo que usted ha oído sobre el druidismo es verdad, excepto la voluntad de dominar el mundo o usar los poderes negativamente. Después de entrenar y concentrarse, puede sumergirse en el poder y la magia por usted mismo.

Nadie está muy seguro de dónde viene la palabra «druida» ni qué significa, hay muchas traducciones posibles. La teoría más extendida es que proviene de una antigua palabra irlandesa que significa conocimiento o sabiduría. Eso encajaría ciertamente con el druidismo.

Las religiones del mundo se pueden dividir en subcategorías, teísmo, chamanismo, paganismo, etc. El druidismo es una religión chamánica. Es una religión que combina prácticas médicas como el consumo de hierbas y otras medicinas naturales para enfermedades y dolencias y el contacto con la naturaleza y otros espíritus para ayudar en el tratamiento. Es una religión arraigada en el mundo físico, vinculada a las leyes universales y al conocimiento que contienen; y en el mundo espiritual y los seres que están fuera de nuestra vista y alcance. En esencia, es una estructura de creencias centrada en el conocimiento; parte de ese conocimiento está más allá de lo que muchos consideran verdad. Afortunadamente, para nosotros los druidas este conocimiento es verdadero y usted puede usarlo para el gran beneficio del mundo.

No se sabe cuándo apareció por primera vez el druidismo, pero se sabe que ha existido durante siglos. Aunque puede haber existido hace muchos, muchos milenios, se fecha la primera mención del druidismo en el segundo siglo a. C. (antes de Cristo). Esta es la primera mención, así que es seguro que existía al menos algún tiempo antes de esa fecha.

Los druidas eran respetados entonces. Lamentablemente, no son tan respetados ahora, pero eso se debe a las religiones que han surgido durante los últimos dos milenios, después de que el druidismo era prevalente. Las religiones chamánicas, paganas y profanas promueven una vida en armonía y con respeto por las otras religiones. Aunque las otras religiones suelen respetar a los demás como seres humanos, a menudo no tienen cabida para religiones diferentes de la suya.

Remontándose uno o dos milenios atrás, los druidas eran líderes en todos los sentidos de la palabra. No solo conectaban a la gente con el mundo de los espíritus y las deidades, sino que guiaban a la gente en nuestro plano terrenal. Eran los científicos y filósofos de su época y estaban conectados con el mundo espiritual. No tenían creencias basadas únicamente en la fe, sino en el conocimiento y la ciencia. Enseñaban a los demás, actuaban como jueces cuando alguien no podía llegar a un acuerdo e incluso entablaban negociaciones de paz cuando había una guerra. Era un ciclo completo. Los druidas eran personas respetadas y, por ello, eran capaces de negociar, enseñar y guiar; se ganaban ese respeto por ser los que más sabían, por tener sed de conocer el mundo y por participar en una búsqueda constante de significado y sabiduría.

Así que, cuando emprenda su viaje hacia el druidismo del cerco, puede empezar por superarse a sí mismo. Si quiere ser un druida, aspira a ser un maestro, un guía, un intermediario, necesita estar informado, ser hábil y encontrar la mejor versión de usted mismo. La mejor manera de proponerse ser un druida es a través de un camino de autosuperación.

Pero volveremos a eso más adelante en este libro. ¡De vuelta al pasado!

El druidismo es una religión teísta, pero politeísta. La mayoría de los druidas creen en dioses y diosas múltiples, otro ejemplo de igualdad de género en el druidismo. Al mirar el druidismo, muchas personas comparan la naturaleza politeísta de este sistema de creencias con el de los dioses griegos y romanos. Hay ciertamente semejanzas en cuanto aparecen seres de otro mundo.

De vuelta a las túnicas... Ya mencionamos que las túnicas se usaban en las tardes frías de Gran Bretaña, y los druidas oficiales llevaban túnicas con colores que denotaban su rango o especialidad. Las túnicas doradas, como se puede adivinar, las llevaban quienes gozaban de mayor estima, los líderes sabios. Los sacerdotes llevaban túnicas blancas. También había túnicas para soldados, artistas, constructores, etc. Algunos medios de comunicación tienen razón sobre el uso de túnicas, pero no se llevaban para ocultar la identidad, sino para denotar el rango.

Hay una estructura de organización en el druidismo. El archidruida está a la cabeza, seguido por el sacerdote y otros druidas debajo de ellos. Como se ha dicho, llevar túnicas bajo la luna y el calendario lunar es ciertamente muy importante para los druidas. Al igual que en la mayoría de las religiones paganas, chamánicas, y profanas, las lunas llenas se celebran, al igual que otros días festivos que caen en los equinoccios o en tiempos de siembra de semillas y de cosecha.

Los rituales, el culto y Stonehenge

Hace seis mil años empezaron a aparecer numerosas estructuras de piedra, como anillos y yacimientos de piedras erguidas. Los historiadores no pueden decir con seguridad si fueron construidos por druidas y utilizados como lugares de adoración, pero hay fuertes indicios de que el druidismo ha existido desde mucho tiempo antes de lo que se registra en la palabra escrita.

Además de ser una religión politeísta, el druidismo puede describirse como animismo. Los druidas se caracterizan por tener una conexión con la naturaleza y el mundo espiritual que se encuentra más allá. Están más interesados en una forma de vida holística para vivir en armonía con la naturaleza, algo difícil de lograr en nuestro mundo moderno. Esto significa observar e interactuar con la naturaleza. Observando lo que ocurre a su alrededor, a menudo puede ver lo que se avecina. Puede observar las condiciones meteorológicas, los ciclos de la vida o estar en la naturaleza para entrar mejor en contacto consigo mismo. Por supuesto, solo estamos tocando los aspectos de los druidas que tienen que ver con la naturaleza; más adelante en este libro, profundizaremos más sobre esto. En el mundo del druidismo también encontrará guías espirituales y animales que le pueden guiar y formar.

Los druidas siguen el calendario lunar de cerca, y el calendario solar también es importante. Puede ver esto en las estructuras de piedra construidas hace muchos siglos, incluyendo Stonehenge. Estos sitios eran lugares de poder y, en su mayor parte, las estructuras de piedra fueron construidas alineadas con el sol y la luna. Esto era importante para rendir culto a la naturaleza y proporcionaba un calendario o reloj para el año. Todavía se puede ir a muchos de estos yacimientos, círculos de piedra y otras estructuras en determinadas épocas del año, como el solsticio de verano, y ver cómo el amanecer o el atardecer se alinean con las piedras.

Stonehenge
https://pixabay.com/es/photos/stonehenge-monumento-arquitectura-1590047/

Los rituales y el culto pueden realizarse tanto en solitario como en grupo. En su forma más sencilla, un ritual druida puede ser tan fácil como dar un paseo por la naturaleza. Cuantas más personas participen, más estructurado será el ritual. La mayor parte de lo que significa ser un druida es alinearse con la naturaleza. Usted puede realizar rituales y adorar diariamente, pero hay algunas celebraciones más grandes y formales que se llevan a cabo alrededor de los solsticios y en otras épocas del año. A menudo se consume comida y bebida para honrar a los dioses y diosas.

Si se adentra en el mundo del druidismo, descubrirá que puede hacer cosas muy interesantes. El druidismo es a menudo retratado como una religión mística y espiritual, y esto es verdad. Con la práctica y una inclinación natural hacia el mundo espiritual, usted puede lanzar hechizos e incluso alejarse de su propio cuerpo. Los hechizos, los tránsitos al mundo espiritual y muchos otros rituales son usados para estar más cerca de la naturaleza y protegerla. Muchas personas usan sus poderes druidas para oponerse activamente a lo que está sucediendo actualmente en el mundo. Hace miles de años, usaron esos mismos poderes para mantener el equilibrio y la armonía en el mundo.

Cristianismo y druidismo

El druidismo ha pasado por muchas etapas. En su momento, fue una religión politeísta predominante en gran parte de Europa, pero decayó bruscamente cuando el cristianismo inundó el continente. Podemos situar el druidismo en dos periodos de tiempo específicos, el precristianismo y el postcristianismo. Como no hay muchos escritos sobre el druidismo antes del cristianismo, es difícil saber si el druidismo de hoy es igual que hace miles de años o si la religión se ha reavivado y el druidismo moderno es una reinvención de las antiguas creencias.

Sabemos que muchas religiones teístas toman prestado de las religiones paganas y chamánicas (o al menos eso parece). Solo hay que echar un vistazo a las celebraciones que tienen lugar en varios credos para ver que caen en los solsticios o alrededor de ellos, en la época de siembra de los cultivos y en el tiempo de cosecha. Muchos dioses y diosas paganos han sido deformados o combinados para dar paso a los dioses de las religiones teístas que tenemos hoy. Las historias, mitologías y prácticas son muy similares. Así que se podría argumentar que el druidismo nunca desapareció o fue neutralizado, sino que siempre fue parte de la vida en forma de otras religiones.

También se sabe que mucha de la información conocida sobre el druidismo y otras religiones politeístas o animistas fue registrada por los cristianos, así que se deben tener en cuenta diversas fuentes en la investigación para descubrir la verdadera naturaleza del druidismo. Mucho de lo que se sabe sobre el druidismo está relegado hace milenios a la mitología, pero eso no significa que no se pueda investigar, aprender de ello y permitir forme parte de nuestro mundo moderno.

El druidismo moderno nació a mediados del siglo XX. Aunque el druidismo moderno gira en torno a los celtas, se pueden encontrar ejemplos en todo el mundo, lo que sugiere que el druidismo es un camino natural a seguir. Solo hay que mirar a los pueblos indígenas de Norteamérica o Australia para ver cómo escuchando a la tierra y a la naturaleza y siguiendo el calendario del sol y la luna se puede sostener un pueblo durante milenios. Solo cuando se introducen influencias y creencias externas, el modo de vida empieza a desmoronarse. Esto no es una sugerencia para volver a esa forma de vida; sería imposible, por mucho que lo intentáramos. Pero hay una buena razón para abogar por la práctica de estas antiguas creencias en nuestro mundo moderno. Aunque los druidas no son buscados para guiar y ayudar, pueden practicar sus creencias e influir en el mundo.

Antes de entrar en el druidismo del cerco, veamos los preceptos principales del druidismo y cómo empezar su propio camino.

Los tres objetivos druidas

Empezar en un camino druida hoy en día es tan simple como declararse un druida. No necesita creer en un dios o múltiples dioses o diosas. Los druidas alrededor del mundo se describen como ateos, cristianos, budistas y de otras religiones. El factor común en todos los druidas es su creencia en la naturaleza y los tres objetivos comunes de todos los druidas.

1. Sabiduría

Ya se ha mencionado que los druidas antiguos eran admirados para su sabiduría y conocimiento. Aunque ahora no se admira a nadie específicamente por su sabiduría, esa sabiduría sí puede compartirse con quienes están alrededor. La sabiduría proviene del conocimiento y la experiencia. Ambas cosas se pueden controlar. El conocimiento está a nuestro alrededor. Puede apuntarse a un programa escolar, hacer cursos o simplemente leer más libros. Cuanto más busque el conocimiento, más sabiduría tendrá de forma natural. Por otro lado, también puede buscar experiencia. Acérquese a más gente, haga más cosas y pida ayuda cuando la necesite para a su vez ayudar a los demás. Cuanto más haga, más sabiduría alcanzará. Sabiduría también significa saber cuándo no ayudar a alguien o cuándo no tiene la capacidad para ayudar.

2. Creatividad

El druidismo se remonta a milenios, mucho antes de que la palabra escrita fuera utilizada para registrar todo. El druidismo se transmitió a través de la tradición oral y la narración de historias. No solo eso, sino que estaba presente en canciones, poemas, arte y mucho más. Ahora que todo está disponible en internet, no es necesario contar historias para transmitir el conocimiento del druidismo, pero la tradición oral sigue siendo importante para la conexión. Y esto no solo es aplicable a las personas, sino también a los animales y espíritus. Al utilizar el cuento, la canción, el arte y otras formas de creatividad, se comparte con otros, tanto seres mundanos como de otro mundo, y eso fomenta la comunidad.

3. Amor

No hace falta decir que el amor debería desempeñar un papel más importante en nuestro mundo. La comunidad y el amor se están perdiendo con la separación de las personas por el

distanciamiento y el cierre de los hogares. El amor es la comprensión y es importante cuando se promueve el druidismo. La meta del druidismo no es imponer la religión a otros o convertir a otros al druidismo, sino amar a la gente y al mundo. Mostrando amor, se atrae a la gente al druidismo, y quienes no quieren practicar el druidismo estarán más inclinados a practicar el modo de vida druida sin hacerse druidas. Afrontémoslo, promover el amor y amar a la gente y al planeta hace del mundo un lugar mejor.

¿Qué es el druidismo del cerco?

Finalmente, llegamos a este punto. Ha recibido su curso intensivo sobre el druidismo, así que entremos en lo que hace al druidismo del cerco diferente del druidismo y las razones por las que querría practicar el druidismo del cerco.

Hablemos sobre la comunidad, que es muy importante en el mundo moderno independientemente de la religión que se practique. Siempre debe esforzarse por estar rodeado de gente que le puede ayudar y a la que usted pueda influenciar, no de una manera manipuladora, para mejorar el mundo.

Pero, al centro de la cuestión, un druida del cerco es alguien que practica el druidismo en solitario.

Excepto por las reuniones y rituales más formales, toda la información anterior sobre el druidismo se aplica a un druida del cerco. Sin embargo, practicar en solitario no significa que no pueda asistir a reuniones más formales para experimentar.

Hay muchas razones para hacerse druida del cerco, algunas forzadas y otras elegidas. Una de las razones más comunes es que quizás viva en un área en la que no hay otros druidas. Podría no tener una comunidad de druidismo alrededor, lo que le obliga a practicar solo, que está totalmente bien. En este caso, puede practicar por su cuenta, si le gusta, o puede practicar en solitario hasta que se forme un grupo, o usted mismo puede formar un grupo.

También puede que le guste estar solo. Puede que no quiera practicar con otros y que prefiera utilizar el druidismo del cerco como un tiempo a solas en el que va a la naturaleza y está lejos del mundo y la gente por un tiempo. Puede que se sienta más cómodo siendo un druida solitario, lo cual es totalmente válido. De hecho, saber esto sobre usted mismo da lugar a un druidismo más poderoso. Si usted se une a una comunidad y no le gusta tener gente alrededor todo el tiempo, no podrá practicar verdaderamente el druidismo. Siendo un druida del cerco, usted puede influir mucho más en la mejoría del mundo porque sabe que cuando practique será su mejor versión.

Hay tiempos en los que el mundo cambia. Recientemente, en 2020, y remontándonos a principios del siglo XX, ha habido pandemias en todo el mundo, por ejemplo. Puede que no quiera estar cerca de otras personas por razones médicas o por razones personales. Cualquier razón que lo haga sentir más cómodo en su camino espiritual es una buena razón para convertirse en un druida del cerco.

Puede que no quiera enemistarse con la gente que lo rodea. Suponga que usted ha crecido en una familia muy religiosa que sigue siendo practicante. En ese caso, puede que no quiera enfadarles persiguiendo activamente su religión. Aunque esto no sugiere ocultar quién es, hay casos concretos en los que hacerlo es beneficioso. Si puede practicar su religión sin alienarse de su comunidad, será más feliz.

Aunque practique solo, eso no significa que no pueda tener una comunidad. Muy probablemente tiene una comunidad alrededor de usted, incluso si ellos no son druidas practicantes, y también puede tener una comunidad en línea. Aunque practique solo, puede intercambiar con otros druidas por correo electrónico o correo físico.

Para decirlo de forma simple, un druida del cerco es un druida que practica solo. Hay muchas razones para hacerlo y todas son igualmente válidas. Si usted es el mejor druida que usted puede, está siguiendo el camino correcto.

Capítulo 2: El *awen* y la cosmología celta

¿Quiere convertirse en un druida del cerco y practicar el druidismo por su cuenta? Antes de que camine el sendero druídico, necesita tener la noción de los elementos del cosmos como un todo, para que pueda enraizarse mejor en ellos. Los dos mejores conceptos del druidismo para empezar son el *awen* y la cosmología celta.

El *awen*

Muchas religiones hablan del espíritu. Los chinos tienen el *chi*, en la India los chakras y hay muchas otras religiones y culturas que tienen un tema central de la vida humana descrito de la misma manera.

En pocas palabras, el *awen* es la energía del universo. Como se mencionó brevemente en la introducción, en este capítulo se tratan dos conceptos. Aunque el *awen* es todo lo que hay a nuestro alrededor, considerémoslo como la energía de nuestro interior y a la cosmología celta como el mundo fuera del cuerpo. Aunque el *awen* existe a nuestro alrededor en el cosmos, nos afecta desde dentro.

Puede pensar en el *awen* como una energía omnipresente, pero que al mismo tiempo es un flujo. El *awen* fluye a través de nosotros y nosotros a través de él. Esto puede sonar misterioso e incomprensible, y no es nuestra intención confundir o complicar. El *awen* es algo grande y poderoso y, en muchos sentidos, no es necesario comprenderlo para utilizarlo. ¿Cómo se puede comprender un flujo de energía que se canaliza a través de nosotros para ayudarnos a realizar acciones sin poder medirlo o categorizarlo? No se puede. Pero se puede sentir y utilizar.

Utilizar el *awen* consiste en ser. Está vivo y el *awen* fluye a través de usted. A veces, ni siquiera se da cuenta. Puede que de repente se sienta inspirado para cantar o crear algo y tiene que agradecérselo al *awen*. Pero va mucho más allá de lo accidental. Puede meditar con el *awen*, ser consciente de él a lo largo del día y canalizarlo para inspirar la creatividad y la grandeza.

La atención plena es una gran manera de utilizar el *awen*. Aunque fluye a través de usted y le ayuda, si es consciente y delibera sobre lo que piensa y hace, puede usarlo con un propósito. Usando el *awen*, se hace uno con la naturaleza y con el mundo que lo rodea. Tenga en cuenta que, como todo en la vida, la práctica hace al maestro. No podrá aprovechar todo el poder del *awen* solo diciendo que es un druida. Primero tiene que seguir el estilo de vida druida y practicarlo. Cuanto más practique, más fluirá el *awen* a través de usted.

¿Cómo se define el *awen*?

El druidismo es sabiduría, creatividad y amor. Cuando se piensa en el *awen*, se puede definirlo a través de la creatividad. Por supuesto, también influye en los otros dos objetivos, pero es en nuestra creatividad donde realmente brilla. Muchas culturas presentan la figura de las musas, tanto en la mitología como en la actualidad. Una musa inspira la creatividad en una o en varias personas. Se puede definir el *awen* como una musa, pero no física. Como el *awen* también es un flujo, se puede decir que es la esencia de una musa fluyendo por el mundo (si eso tiene sentido). También se puede considerar como inspiración. Cuando llega la inspiración, es en realidad el *awen*. Todos estos conceptos están arraigados en el mundo que conocemos, por lo que resulta difícil definir exactamente qué es el *awen*, pero se puede comparar con conceptos que conocemos.

Se puede describir el *awen* como inspiración divina, como algo que está por encima de lo comprensible. Como no está conectado a una deidad específica, aunque también se puede experimentar por inspiración divina, está bien referirse a él simplemente como inspiración. Esta es una larga manera de describir la fuerza creativa que representa el *awen*.

Es seguro que el *awen* ha sido un elemento duradero en la religión druida durante mucho tiempo y no es una invención del druidismo moderno. Hay mención de ello en múltiples fuentes que datan de hace muchos siglos. El *awen* también se describe en textos antiguos como la fuerza vital creativa. Usted está vivo y el *awen* quiere trabajar a través de usted. El *awen* es esa fuerza creativa que pide ser liberada.

¿Cómo puede utilizar el *awen*?

Aunque el término bardo se refiere sobre todo a calabozos y dragones, era un término común en el druidismo antiguo. Como ya se ha dicho, el druidismo era una religión y una forma de vida que se transmitía de generación en generación a través de cuentos, canciones y poemas. Si alguna vez se ha sentado a ver una película horrible, ha escuchado una canción sosa o ha soportado una conferencia aburrida, sabe que la correlación entre el valor de entretenimiento de una obra y la cantidad de información que se retiene es muy reveladora. En la antigüedad, los bardos eran una parte muy importante de las tradiciones orales, ya que transmitían información de forma entretenida e informativa. Los bardos eran venerados en el antiguo druidismo y se les otorgaba el *awen*. Así es; el *awen* también puede ser otorgado por alguien o algo más, usualmente una poción o un hechizo.

Los bardos eran importantes en la antigüedad y, aunque hoy en día no se les llama por su nombre, siguen siendo importantes y usted podría aspirar a ser uno. Aunque no se necesitan bardos para transmitir el conocimiento druídico (aunque se puede hacer), sí son necesarios para mejorar el mundo. Se ha demostrado que, en todas las culturas, tanto nuevas como antiguas, el arte es importante para el avance de la sociedad.

Si se siente naturalmente inclinado hacia la vida bárdica, puede centrar su tiempo en el *awen*. Puede que ya tenga bastante *awen* dentro de forma natural, y además puede meditar con el *awen* para escribir mejores canciones, historias y mucho más. Cuando usa esta inspiración para crear obras de arte, hace del mundo un lugar mejor y, aunque no esté transmitiendo información sobre el druidismo, seguro que está transmitiendo algo importante.

Encontrar el *awen* en la naturaleza

Siempre que se habla de druidismo, se habla de la naturaleza. La naturaleza es una parte importante e integral del druidismo y, si quiere buscar el *awen*, no hay mejor lugar que la naturaleza. ¿Alguna vez ha salido a pasear o ha estado en la naturaleza cuando le ha venido la inspiración? ¿Siempre tiene sus mejores ideas cuando camina entre los árboles?, ¿o escuchando el rumor de las olas en la orilla? Ese es el poder del *awen*.

El druidismo se puede usar para otorgar inspiración bárdica a alguien mediante hechizos o pociones, pero la forma más fácil y accesible de encontrar el *awen* es aventurarse en la naturaleza. Se necesita práctica para otorgar el *awen*, así que salga de casa y dé un paseo por la naturaleza. Vamos, ¡hágalo ahora! Mientras pasea, sea más consciente de lo que le rodea. Escuche, mire, saboree, toque y huela. Observe todo lo que le rodea, mirando a su alrededor y hacia arriba. Sienta el sol o la brisa en la cara. Escuche a los pájaros o a los saltamontes. Saboree una frambuesa silvestre. Toque la corteza de un árbol o la suave hierba. Permanezca en la naturaleza y espere a que le llegue la inspiración. Y no se preocupe si no lo hace; simplemente disfrute de ella y espere a que le llegue la inspiración la próxima vez.

Aventurarse en la naturaleza es imprescindible para encontrar el *awen*
https://unsplash.com/photos/78A265wPiO4

También puede llevarse sus obras creativas consigo. Sentarse junto a la ventana de su casa, en su escritorio, y componer un poema o hacer un boceto está bien, pero cuando saque su trabajo a la naturaleza, se beneficiará del *awen*. Monte un caballete y pinte lo que vea fuera, o llévese su diario y escriba libremente lo que se le ocurra sin pensar en ello.

El *awen* es impredecible y el flujo puede llegar como una corriente suave o como un río fuerte. Pero lo que debe tener en cuenta es que es un flujo. Fluye por donde quiere e intenta no bloquearse. Si un río se encuentra con un bloqueo, halla la manera de evitarlo. Por lo tanto, si bloquea el *awen*, encontrará la manera de fluir a su alrededor. Esto significa que a medida que el *awen* fluye hacia usted, también debe dejarlo salir. Cuando se sienta inspirado, haga algo con ello. Si tiene una gran idea para una historia, empiece a escribirla. Si tiene ganas de pintar, hágalo. Si quiere empezar a cantar, empiece a cantar. Cuanto más deje que el *awen* fluya desde usted, más lo encontrará. Para seguir con la metáfora del agua, tiene que dejar que fluya hacia donde quiera. Si se siente inspirado para cantar, quizás esté bien componer la letra de una canción en lugar de cantarla, pero no debería utilizar esa inspiración para pintar, por ejemplo. No bloquee el *awen* y deje que fluya hacia donde tiene que ir.

Cuanto más trabaje con el *awen*, más trabajará con usted. Por lo tanto, no solo debe dejar que fluya a través de usted, sino buscarlo activamente cuando lo necesite.

El canto y el cultivo del *awen*

Puede encontrar el *awen* en la naturaleza, pero puede cantar la palabra para invocarlo cuando esté en la naturaleza o en cualquier otro lugar. Esta es una de las primeras cosas que aprenderá como druida; todo lo que necesita es la pronunciación correcta.

El druidismo tiene raíces profundas en las culturas galesas, irlandesas y celtas. La pronunciación de las palabras puede ser un poco diferente de cómo se escriben y este es un buen momento para aprender a pronunciar la palabra «*awen*».

Awen se divide en tres sílabas: «*ah*», «*oh*» y «*en*». Si junta las tres sílabas, tiene «*awen*». Cantar la palabra es un poco diferente a decirla. Respire hondo y pronuncie cada sílaba en voz alta, con seguridad y confianza. Debe cantarla tan a menudo como le resulte natural o tanto como necesite para sentirse conectado con el *awen*. No es necesario que lo cante, también puede recitarlo. Si lo canta, puede bailar mientras lo hace.

Cuando cante la palabra, sea consciente de lo que dice y de por qué lo dice. Debe centrarse en el *awen* y aceptarlo en su persona. Piense por qué necesita inspiración y qué le aportará esa inspiración. Salga a la naturaleza y cante con orgullo. Cuando sienta que el *awen* fluye a través de usted, asegúrese de hacer algo con él.

También puede invocar al *awen* utilizando el símbolo, que son tres rayos de luz que emanan hacia abajo y hacia fuera, afilados en la parte superior y ligeramente separados. Muchos druidas llevan collares, pulseras o cristales del *awen* consigo o en sus ventanas para que la luz del sol brille a través de ellos. Esto resulta especialmente potente si coloca un cristal en su espacio de trabajo para cultivar la creatividad.

Tenga en cuenta que no encontrará la inspiración si está distraído. Esto puede ocurrir de muchas formas, pero las distracciones más comunes son internas o externas. Si se dice constantemente que no es creativo, que no puede hacer algo, que su trabajo no es muy bueno, la inspiración no llegará. Esto es un proceso y necesita tiempo. No debe proponerse ser el mejor en algo, sino mejorar usted mismo, sin importar lo grande o pequeño que sea el progreso. Lo mismo ocurre con la gente de la que se rodea. Si lo menosprecian constantemente, el *awen* no fluirá. Cuando canalice el awen, limite las distracciones. La naturaleza es perfecta, ya que no hay muchos ruidos distractores y no hay una televisión encendida que atrape su mirada.

Intente canalizar el *awen* en todos los aspectos de su vida. No es necesario que canalice el *awen* y luego componga una obra maestra de la música o pinte la Mona Lisa. Si está jugando con sus hijos, utilice la inspiración en sus juegos. Si tiene que planear un viaje, sea creativo. Intente encontrar formas de canalizar el *awen* para que se abra más a usted.

El cosmos celta

Puede que el *awen* esté en todas partes del universo, pero nos preocupa más cómo fluye a través de nosotros. Cuando miramos al *awen*, miramos dentro de nosotros mismos. Pero, ¿qué hay del panorama general? ¿Qué puede decir el universo conocido sobre nosotros mismos, y cómo puede usarlo cuando camina por el sendero del druidismo del cerco?

La Rueda

Muchas culturas han adoptado la rueda o el círculo como uno de sus símbolos principales. Hay una razón obvia para ello. Cuando se piensa en un círculo, se piensa en una línea continua que gira y gira, una línea sin principio ni fin. Para la mayoría de las culturas, la idea de una vida sin fin es una idea a la que vale la pena aferrarse y que además ofrece muchos ejemplos cotidianos de ritmos circulares. Las estaciones siguen el mismo patrón, dan vueltas como una rueda. El día sigue a la noche y la noche al día. Las estrellas se mueven alrededor de nuestro planeta como en una rueda gigante.

La rueda del año

Midnightblueowl, CC BY-SA 3.0 <https://creativecommons.org/licenses/by-sa/3.0>, vía Wikimedia Commons https://commons.wikimedia.org/wiki/File:Wheel_of_the_Year.JPG

La rueda es un símbolo importante en el druidismo. Puede significar muchas cosas; como se mencionó, representa al día y la noche, las estrellas y las estaciones. Como druida, usted también sabrá que simboliza la vida y la muerte. Se creía que después de la muerte, se pasaba a residir entre las estrellas, que son la gran rueda que gira a nuestro alrededor.

El número tres se considera un número mágico y se puede encontrar alrededor, no solo en las grandes religiones. Existe la vida, la muerte y lo intermedio. Hacen falta dos adultos para que un niño complete tres personas. Por eso, a menudo se encuentran círculos o ruedas en grupos de tres. Las espirales son la expansión natural del círculo, un círculo que se agranda hacia fuera sin fin.

Las cuatro estaciones dividen la rueda que representaba el año, girando constantemente a nuestro alrededor. El sol y la luna eran importantes para los celtas, que basaban su calendario en la luna. En lugar de los doce meses de un año civil, tenían trece, el número de lunas llenas anuales. Las estaciones eran las mismas y había festivales asociados con el comienzo de cada una, especialmente el verano y el invierno, donde la rueda giraba hacia su lado opuesto.

El druidismo antiguo estaba ligado a la naturaleza y como una parte fundamental de la vida era el cultivo de los alimentos, gran parte de la atención sobre la naturaleza recaía en la siembra y la cosecha. Esto se vive en la actualidad en algunos de los festivales y fiestas.

Podemos abrirnos al cosmos para celebrar mejor el mundo que nos rodea y la naturaleza. Cuando observamos las estrellas y las estaciones, sabemos cómo reacciona la naturaleza y eso nos ayuda a planificar mejor nuestros paseos en búsqueda del *awen*.

Los tres reinos: Mar, tierra y cielo

Los antiguos druidas creían que tres reinos separados existían juntos y vivían en armonía. También representaban los tres elementos del mundo y se creía que todo estaba compuesto de estos tres elementos. Todo, las tierras del cosmos (y los seres que hay en ellas) pueden explicarse como una combinación de mar, tierra y cielo. Es útil pensar en los tres reinos como algo más de lo que podemos ver. El mar está debajo de nuestro mundo, la tierra es el suelo en el que vivimos y el cielo está por encima de nosotros, en parte a la vista y en parte invisible.

1. El mar

Podemos ver algunos de los reinos del mar y, si se trata de explicar el mundo, el mar puede asociarse con el elemento agua. Pero el reino marino no se limita a lo que vemos delante de nosotros. Los mares y océanos configuran el reino marino que reside en las profundidades de la tierra. Se puede pensar en el reino marino como una especie de inframundo, pero no en el sentido típico de cielo e infierno. Los muertos van allí, así que nuestros ancestros están allí y tiene sentido que no todos vayan al infierno. No hay distinción en el lugar al que van, no es un lugar bueno o malo, solo un lugar donde residen quienes han fallecido.

Las hadas también viven en este mundo. Si quiere hacer ofrendas a las hadas o a sus ancestros, puede hacerlo a través del agua. Puede usar cualquier masa de agua, no tiene por qué limitarse al mar y al océano. La comida, la bebida y las flores son ofrendas habituales para las hadas y los ancestros. Para dar la ofrenda, simplemente déjela caer en el agua siendo consciente del ecosistema que está perturbando.

2. La tierra

La tierra es nuestro mundo, pero es más que eso. Es todo lo que contiene, todo lo que la madre naturaleza nos ha dado. Esto nos incluye a nosotros, las plantas y las flores, los árboles, las rocas, las montañas, los arroyos, los ríos y todo lo demás. Si está buscando un lugar de poder en el que el *awen* sea más abundante, busque elementos del reino de la tierra que toquen otro reino. Por ejemplo, las montañas están enterradas en lo más profundo de la tierra, pero se elevan y tocan el cielo. Algunas plantas viven tanto en la tierra como en el agua y la tierra es comparable a los elementos de la tierra.

Usted puede usar vino, tabaco, miel y otros alimentos como ofrendas para artefactos liminales poderosos del reino de la tierra. Como el árbol de roble es un símbolo poderoso dentro del druidismo, usted puede dar ofrendas a árboles de roble. Sin embargo, cualquier cosa que viva entre dos mundos puede ser objeto de sus ofrendas. Se cree que dar ofrendas de esta manera ayuda a viajar entre mundos.

3. El cielo

El reino del cielo es lo que se ve arriba, pero también es el reino de los dioses y diosas, como el dios del trueno o la diosa de la batalla. También hay deidades solares y lunares. El cielo se asocia con el elemento aire, pero el sol también está en el cielo, por lo que se puede equiparar también con el elemento fuego.

Muchas deidades son honradas con el fuego. La gran bola de fuego, el sol, arde en el cielo, dando vida, y el humo del fuego también viaja hacia el cielo, donde residen los dioses.

Los árboles y los tres reinos

Como ya se ha dicho, algunas cosas de nuestro mundo tocan los tres reinos al mismo tiempo. Los árboles son un buen ejemplo. Se extienden hacia abajo y tocan el reino del mar, están en el reino de la tierra y sus ramas y hojas se extienden hacia arriba para tocar el reino del cielo. En la antigüedad, los druidas veneraban a los árboles. Alrededor de ellos celebraban rituales y hacían juramentos, y cada tribu tenía un árbol sagrado.

Como druida del cerco, también puede tener un árbol sagrado. No es necesario que sea un árbol específico, aunque se prefieren el roble, el fresno y el olmo. Puede sentirse atraído por un árbol concreto o por varios. Pase tiempo bajo el árbol o los árboles, realice ceremonias y rituales o simplemente medite bajo sus ramas.

Capítulo 3: Abrir la mente a la naturaleza

Como ya se habrá dado cuenta, la naturaleza juega un papel muy importante en el druidismo del cerco. Puede encontrar el *awen* visitando la naturaleza, pero ser un druida es mucho más que eso. Ser un druida es conectar con la naturaleza, protegerla y usarla para explorarse mejor a usted mismo y al mundo, mejorando mientras lo hace. Cuando usted comienza a explorar la naturaleza, sus poderes de druida comenzarán a expandirse. Pero, antes de hablar de algunas de las cosas poderosas que la naturaleza puede traerle, volvamos a una de las tres metas principales del druidismo: la sabiduría.

Su camino como druida debe enfocarse en adquirir sabiduría en todas las áreas, pero es especialmente importante hacerlo en relación con la naturaleza. Cuanto más sepa sobre la naturaleza, más sabiduría tendrá y más podrá ayudar al mundo y a los demás. Al comenzar el camino de druida, se recomienda que se concentre en la naturaleza para prepararse mejor y llegar a ser un verdadero druida.

La sabiduría que se encuentra en la naturaleza

Usted quiere saber tanto como sea posible sobre el mundo natural alrededor de usted, y eso significa saber lo que es la naturaleza, cómo reacciona y lo que hace. Aunque se puede aprender mucho de los libros y otros medios de comunicación, no hay mejor forma de conocer la naturaleza que estando en ella. Y la ventaja añadida es que puede conectarse con el *awen* mientras está en la naturaleza.

Puede seguir leyendo sobre la naturaleza y explorar ese mundo. Después de todo, algunas cosas no se transmiten por tradición oral y podría hacerse daño si sale a la naturaleza y come setas venenosas o prueba la baya equivocada. Así que, a menos que tenga un bardo druida con usted, investigue antes de meterse de lleno.

Sin embargo, algunas cosas no se encuentran en los libros y usted va a aprender sobre ellas estando en la naturaleza. Por ejemplo, un sendero que corre por el bosque cercano a su casa podría haber sido hecho por ciervos. Podría darse cuenta de que la corteza de un árbol de un lugar determinado se come. Puede que vea cómo afecta un río al paisaje que lo rodea cuando se desborda. Observando la naturaleza y estudiándola, puede entender cómo funciona el ecosistema que le rodea. Además, cuando conoce la naturaleza, sabe cómo ayudarla.

Cuando haya estudiado la naturaleza durante un tiempo y haya leído sobre los conceptos de los que no esté seguro, debe intentar comprenderla. Hay una gran diferencia entre tener conocimientos y entenderlos; los conocimientos se pueden comparar con la sabiduría. Si los ciervos se abren paso por una zona determinada, ¿por qué lo hacen? Y si el río crece y se adapta al paisaje, ¿qué provoca eso en el ecosistema en general? Al buscar la comprensión, también encontrará los caminos de la energía que recorren la naturaleza, lo que le permitirá encontrar el *awen* de forma más efectiva.

Anotar sus descubrimientos y pensamientos es un buen hábito. Cuando llegue a casa, es posible que haya olvidado algo y, con el tiempo, ese «algo» podría convertirse en algo importante. Si encuentra un árbol especialmente inspirador, puede añadirlo a su libro e incluso dibujarlo si le llega la inspiración. Puede escribir advertencias para no cometer los mismos errores una y otra vez. Tal vez esté creciendo parte de la hierba y quiera asegurarse de no pisarla. O puede dibujar algunas flores que le parezcan comestibles para comprobarlo cuando llegue a casa. Sea curioso. Haga siempre preguntas y vea si puede descubrir la respuesta observando. Por supuesto, con la sabiduría sabrá dónde buscar la respuesta cuando no la tiene.

Como druida del cerco, estará constantemente interactuando con la naturaleza. Esto significa construir sobre su conocimiento y sabiduría antes y después de estar en la naturaleza. También significa utilizar la naturaleza para vivir su vida. Puede encontrar una gran sabiduría interactuando directamente con la naturaleza.

Los druidas solían vivir en la naturaleza y tomar de ella lo que necesitaban para vivir. Hemos perdido estas viejas costumbres, aunque están volviendo a través del druidismo y la necesidad de una vida más simple que no dañe el medio ambiente. Al interactuar con la naturaleza, es sabio aprender las habilidades necesarias para hacerlo apropiadamente.

Usted quiere ayudar a la naturaleza, pero eso no significa que no pueda tomar nada de ella. Significa que no debe tomar más de lo que necesita y que debe asegurarse de no dañar el ecosistema cuando lo hace. Esto implica conocer el ciclo vital de plantas y animales, saber qué plantas y animales utiliza y limitar sus residuos. Debe buscar intercambios beneficiosos. Por ejemplo, supongamos que hay abundancia de frambuesas. En ese caso, puede hacer un favor a otras plantas y animales recogiendo algunos frutos y cortando los tallos para cubrir el suelo del sol inclemente (y retener la humedad).

También debería relacionarse con la naturaleza de distintas formas para descubrir cosas que normalmente no vería. Por tanto, salga a escalar una roca, descienda por un río o un lago en kayak o canoa y practique actividades al aire libre durante todo el año, como el esquí.

Descubrirá que estando en la naturaleza está más en sintonía con ella, lo que es importante para las siguientes partes de su viaje como druida del cerco, rituales y altares.

Rituales y altares para la naturaleza

Una de las primeras cosas que hará físicamente como druida es construir un altar. Cuando comienza, tiene dos opciones: construir un altar en su casa o construir uno al aire libre. (Es una buena idea hacer ambos). Puede construir un altar en su casa, pero como trata de conversar con la naturaleza tanto como sea posible, también debe salir y construir un altar en un lugar de la naturaleza que tenga significado para usted o con el cual sienta alguna conexión.

Como con cualquier tiempo que pase en la naturaleza, asegúrese de interactuar con ella de forma que no dañe el delicado ecosistema.

Crear un altar es una oportunidad para hacer ofrendas a sus ancestros y espíritus aliados; en el próximo capítulo se habla sobre cómo contactar con ellos. Si está creando un altar en el interior, lo más probable es que permanezca quieto, pero a la hora de construir un altar al aire libre, puede hacerlo donde crea que es necesario. No tiene por qué ser permanente y puede trasladarlo de un lugar a otro según le convenga. El cambio juega un papel grande en la vida de un druida, ya que seguimos los cambios a través del año con diferentes festivales y rituales. Su altar también cambiará. A medida que evolucione, los espíritus y ancestros a los que rinde culto también cambiarán, así que no tenga miedo de cambiar su altar cuando sea necesario.

Cuando salga a la naturaleza para construir su altar, lo primero que debe hacer es utilizar sus sentidos y explorar con atención plena. El lugar para su altar está ahí fuera; todo lo que tiene que hacer es encontrarlo. Una nota rápida sobre la construcción de altares en la naturaleza: si usted es nuevo en el druidismo, pase mucho tiempo en la naturaleza antes de pensar en construir un altar; tómese el tiempo para aprender y observar antes de aventurarse a encontrar el lugar perfecto.

No hay manera de decirle dónde está el lugar perfecto para su altar. Conecte con el *awen* y sabrá cuándo ha encontrado el lugar perfecto. Los ancestros o espíritus guía a los que honre desempeñan un papel importante en la ubicación, por lo que un altar en la naturaleza es importante.

Si sigue la sugerencia de pasar tiempo en la naturaleza antes de construir un altar, lo más probable es que los lugares donde podría construirlo se le muestren primero. Pero tenga en cuenta las estaciones a la hora de planificar su altar. Su altar puede estar en un lugar distinto en verano y en invierno y los objetos que coloque en él pueden variar según la estación.

Cuando encuentre su lugar, puede ponerse manos a la obra con la creación de su altar. No tiene por qué ser grande, puede hacerlo tan sencillo o complicado como quiera. Piense en lo que quiere transmitir y a quién o qué quiere honrar. Las estaciones le ayudarán a decidir qué poner, como bayas frescas en verano, nidos de pájaros caídos en invierno, hojas caídas o frutos caídos de forma natural de un árbol en otoño.

Cuando tome de la naturaleza un objeto para su altar, debe tener en cuenta si su presencia es bienvenida y si los espíritus le permiten llevarse los objetos. Siéntese con el objeto, agradezca el regalo a los espíritus que lo rodean y escuche cualquier respuesta. Puede ser difícil al principio, pero con el tiempo, será capaz de escuchar o sentir las respuestas.

Cuando crea un altar en el interior, tendrá objetos de la naturaleza, pero también incluirá objetos personales, especialmente para un altar de ancestros. Por ejemplo, si está honrando a un ancestro, puede usar una foto para colocarla en su altar. También puede llevar objetos que pertenezcan a la persona, dibujos, ofrendas de comida y otros objetos significativos.

Cuando monte el altar, escuche la voz de su interior. Está honrando a su ancestro o espíritu, no invocándolo. No es necesario que tenga objetos que los traigan, siempre y cuando los honre bien. Por ejemplo, añadir belleza a su altar es muestra de esa honra, así que artículos como pétalos, frutas de colores y hojas únicas muestran que está intentando montar un altar con buen aspecto para honrar a la persona o entidad. Lo que cuenta es la intención y si la pone en su altar, funcionará.

Cuando haya construido su altar, siéntese frente a él y piense en la persona o espíritu al que está honrando. Esta es una gran manera de conectarse con la naturaleza y con una persona o ser específico. Cuando practica el druidismo, puede sentir una presencia cuando tiene un altar construido.

Cuando termine, no se olvide de limpiar todo antes de irse.

Un ritual druida básico

Los diferentes rituales se exploran en un capítulo posterior, pero una buena forma de comenzar para un druida principiante es realizar un ritual de gratitud para la naturaleza. Este es un ritual sencillo para empezar, ya que no requiere muchos componentes. Los materiales son fáciles de adquirir, si es que no los tiene ya. Este es un ritual que puede realizar una y otra vez para honrar a la naturaleza y puede adaptar las palabras que utiliza para que se ajusten mejor a quién es y cómo quiere honrar a la naturaleza. Las palabras incluidas son una guía y no una obligación.

1. Encuentre un lugar en la naturaleza donde pueda realizar el ritual. Puede ser un lugar que haya visitado muchas veces o uno que lo atraiga. Tal vez un lugar de poder o uno donde el *awen* fluye libremente. Como debe hacer en la mayoría de las prácticas druidas, escuche a su intuición. Si descubre que conoce el lugar para celebrar el ritual, es el lugar adecuado para usted.

2. Toque una campana o aplauda. Esto no solo le ayuda a concentrarse en el comienzo del ritual, sino que invita a los espíritus.

3. Pronuncie unas palabras para anunciar el inicio del ritual: «*Espíritus que me rodean, dioses y diosas que velan por mí, madre naturaleza que me da lo que necesito para vivir, enciendo esta vela en su*

honor».

4. Encienda una vela.
5. Respire profundamente diez veces para despejar la mente y purificar el cuerpo.
6. Honre a la madre tierra: *«Madre tierra, tú das todo lo que veo a mi alrededor y te estoy agradecido por ello. Sin ti, no habría vida. Volveré a ti cuando mi vida llegue a su fin y me transformaré de nuevo».*
7. Comparta la bendición: *«Invito a mis ancestros a estar aquí conmigo porque ellos también han disfrutado de la naturaleza y ahora forman parte del gran ciclo de la vida».* Puede invitar a cualquiera de los dioses, diosas o espíritus a compartir el ritual con usted.
8. Haga una ofrenda. De la forma más sencilla, puede llevar algo de comida y bebida. Intente que su ofrenda coincida con lo que los antiguos druidas podrían haber ofrendado, así que, en lugar de traer caramelos y refrescos, podría traer un pequeño vaso de vino y un poco de pan.
9. Agradezca a quien haya invitado al ritual, en este caso, a sus ancestros.
10. Dé las gracias a la madre tierra.
11. Termine el ritual: *«Termino este ritual».*

Pueden parecer muchos pasos, pero verá que son bastante sencillos y rápidos de realizar. Puede usar este ritual para honrar a los dioses y diosas, aliados espirituales, poderes elementales y casi cualquier otro elemento o entidad.

Paseos de meditación druida y atención plena

La meditación es una gran manera de escapar temporalmente del mundo y los paseos por ella deben ser practicados por todos, no solo por los druidas. La meditación mientras se camina permite entrar en la naturaleza y estar atentos, y ni siquiera se necesita separar un tiempo específicamente para este ritual. Usted va a estar en la naturaleza regularmente, así que medite mientras está allí.

Antes de hablar de cómo meditar en la naturaleza, conviene saber por qué se medita. El objetivo más común para meditar es despejar la mente. Puede hacerlo para desahogarse de cualquier estrés, tensión o problema que lleve encima. La meditación también ayuda a gestionar mejor los problemas y, a veces, a encontrar las respuestas necesarias. También puede meditar para ser más consciente. Si le cuesta conectar con la naturaleza, puede practicar la meditación para potenciar su conexión. Cuando la gente habla de atención plena en la naturaleza, también está hablando de otra forma de ver la meditación. La tercera razón es conseguir una mayor concentración. Supongamos que tiene problemas para concentrarse en la naturaleza o en casa. En ese caso, meditar puede ayudarle a enfocar la mente para que pueda prestar atención a la tarea que tiene entre manos.

Entonces, ¿cómo meditar y caminar al mismo tiempo?

Cuando la gente piensa en meditación, piensa en sentarse con las piernas cruzadas, los ojos cerrados y cantar. Aunque esta es una forma válida de meditar, no es la meditación druida que hará mientras camina por la naturaleza (aunque también puede encontrar un lugar cómodo y meditar así).

Como en toda meditación, su postura es importante. Puede que no se dé cuenta de su postura mientras camina, pero debe concentrarse en su cuerpo y asegurarse de que camina a un ritmo cómodo y que su espalda y hombros están rectos. No fuerce la postura al caminar; debe sentirse cómodo mientras lo hace, lo que favorecerá su respiración.

La última parte del rompecabezas es caminar por la naturaleza y conectar con ella. Use su intuición para elegir el mejor camino e intente encontrar un lugar donde no lo molesten. Puede recurrir al *awen* para obtener más inspiración mientras pasea por la naturaleza.

Todo lo que tiene que hacer en este paseo es experimentar todo lo que le rodea, cosa que es más fácil decir qué hacer. Cuando oiga algo, concéntrese en ello y búsquelo. ¿Oye piar a un pájaro? Deténgase y escúchelo. Mueva los ojos y la cabeza lentamente e intente encontrarlo. ¿Oye un arroyo? Sígalo, moje su mano en él y lávese la cara. Agáchese y huela las flores por las que suele pasar. Pase la mano por los distintos tipos de corteza que encuentre y fíjese en su textura. Interactúe con el mundo natural que lo rodea y sienta la diferencia de cuando camina por él sin darse cuenta y sin observar.

Dos meditaciones adicionales

No siempre tiene que caminar por la naturaleza mientras medita. Una buena meditación para despejar la mente se realiza utilizando un ruido de distracción. Puede ser el correr de un río, el viento entre las hojas, el piar de un pájaro o cualquier sonido agradable de la naturaleza en el que pueda concentrarse durante un tiempo. Póngase de pie, siéntese o acuéstese cerca del sonido y escúchelo mientras inhala y exhala. Si su mente se distrae, vuelva a concentrarse en el sonido. Puede tomarse todo el tiempo que quiera en esta meditación.

También puede meditar para encontrar inspiración con el *awen*. Utilice su intuición una vez más para encontrar un lugar perfecto que lo inspire. Cuando salga a hacer esta meditación, lleve consigo aquello en lo que quiera inspirarse. Por ejemplo, si quiere escribir un poema, lleve consigo papel y bolígrafo. Sitúese en el lugar elegido y mire a su alrededor mientras respira profundamente. Inicie el canto de *awen* que aprendió en el capítulo anterior, abra su mente y sea receptivo a recibir su inspiración. Mire a su alrededor, observe lo que le rodea y utilice la atención plena para estar en la naturaleza. Mantenga en su mente la inspiración que busca y medite durante el tiempo que necesite.

Los árboles y la meditación

La palabra druida es, sin duda, sinónimo de sabiduría, y algunos estudiosos sugieren que una traducción de la palabra podría ser «sabiduría del roble» o «conocimiento del roble». Los árboles son importantes en el mundo druida y encontrará a menudo el símbolo del árbol alrededor de los druidas y el druidismo. El símbolo del árbol también se encuentra en muchas otras religiones; el árbol de la vida es un buen ejemplo. Los árboles tienen que ver con el crecimiento y la ramificación, una metáfora adecuada para la vida, tanto para la vida individual como para la de una familia. Así que, cuando medite, puede incorporar árboles para potenciar la práctica.

Los árboles ayudan a centrar la meditación
https://unsplash.com/photos/Hzbq4de24kQ

Si está en la naturaleza, lo más probable es que esté rodeado de árboles, pero también puede buscar árboles específicos (los robles grandes son los mejores) y sentarse junto a ellos para meditar o construir su altar en la base. Siempre que tenga cuidado, puede convertirse en un druida más despreocupado y divertido subiéndose a un árbol para observar la naturaleza desde otro ángulo.

Capítulo 4: Conozca a sus aliados espirituales

En este capítulo se habla de dos tipos de aliados espirituales que se dividen de la siguiente manera: los espíritus que pasaron de este mundo al siguiente, sus ancestros; y los otros espíritus que pertenecen a muchos mundos, las hadas, los espíritus de la naturaleza, los animales, etc.

Todos son poderosos a su manera, y verá cómo aprovechar el poder de cada tipo, cómo meditar sobre ellos y algunos viajes astrales.

Conectarse con sus aliados ancestrales

En el mundo del druidismo, sus ancestros son definidos de forma un poco diferente: se pueden dividir en tres categorías. Por un lado, están los ancestros en el sentido típico de la palabra, es decir, quienes estaban relacionados con nosotros por sangre. Puede tratarse de un bisabuelo o una tía abuela. Si es descendiente directo de otra persona, esa persona es su ancestro.

También puede recurrir a otros dos tipos de ancestros: los ancestros de lugar y los ancestros de tradición. Sus ancestros de lugar son personas que vivieron en el mismo lugar que usted. Por ejemplo, usted puede ser escocés o, más concretamente, de las tierras altas de Escocia. Sus ancestros de lugar pueden ser los otros habitantes de las tierras altas de Escocia. Son las personas con las que se siente unido a través del lugar en el que vive. Sus ancestros de la tradición son las personas que comparten valores y tradiciones similares a los suyos. Los ancestros de tradición más obvios son otros druidas. Dado que usted ha vivido su vida de la misma manera, podría sentir una conexión profunda con ellos. Al mirar hacia los ancestros de la tradición, podría mirar a una persona que inspiró directamente su vida. Muchos nos han inspirado a lo largo de la vida, se puede tomar como ejemplo a Martin Luther King Jr. Si él lo inspira y comparte valores similares, podría llamarlo ancestro de tradición.

Hay muchas razones para honrar a sus ancestros y conectar con ellos. La más común es darles las gracias por estar aquí. Si lo piensa bien, puede agradecer a los tres tipos de ancestros por estar aquí. Si no fuera por sus ancestros de sangre, si se rompiera un eslabón de la cadena, no estaría físicamente presente en este mundo. Si no fuera por sus ancestros de lugar, tampoco estaría aquí. Muchos ancestros de lugar lucharon en guerras para mantener su patria y usted podría no tener un lugar donde vivir si no fuera por ellos. Lo mismo ocurre con los ancestros de la tradición. Podría estar aquí físicamente sin ellos, pero no de la misma manera. Sin ellos, luchando por sus creencias y manteniendo las tradiciones, sería una persona diferente y recorrería un camino distinto. Debe honrar a los tres tipos de ancestros.

Pero eso no significa que deba honrar a todos los que vinieron antes que usted. Cuando honre a sus ancestros, es importante que se enfoque. La forma más habitual de honrar a los ancestros y conectar con ellos es a través de un santuario. Si creara un santuario para todos sus ancestros al mismo tiempo, estaría sobrecargado y el honor se diluiría. Así que, cuando llegue el momento de venerar a sus ancestros, piense en los que son más importantes para usted, los que quiere que le acompañen en su camino y con los que se sienta más unido.

Crear un altar o santuario de los ancestros

Antes se habló de crear un altar en la naturaleza para honrar a los ancestros o espíritus, pero este santuario va a ser un elemento permanente en su casa y un altar al que podrá acudir siempre que quiera. La clave aquí es adaptarse. Una vez que tenga su altar o santuario, no tenga miedo de cambiarlo. Si ve que un objeto no funciona en el altar, puede cambiarlo. O, si quiere eliminar un ancestro de su altar, hágalo.

Cuando haya creado su altar, puede que descubra que algunos objetos funcionan para algunos ancestros y no para otros. No pasa nada si hace cambios. También es posible que descubra información sobre algunos ancestros que cambie su percepción sobre ellos, así que puede eliminarlos de su altar y añadir otros. Recuerde, el ancestro que le guiará casi nunca será malévolo y no le dará detalles de su vida. Lo que puede utilizar es lo que sabe de él a partir de los registros.

Puede crear un santuario o un altar; ambos son similares en su fabricación. Un santuario es un lugar donde se honra y recuerda a los ancestros, mientras que un altar es un lugar donde se pueden realizar rituales, como la meditación de los ancestros. Téngalo en cuenta a la hora de montar su altar o santuario. Un santuario no necesita mucho espacio, mientras que un altar necesita espacio para sentarse en frente y meditar. Busque un lugar en su casa donde pueda honrar a sus ancestros, intente elegir un sitio que no esté apartado. Si va a honrar a sus ancestros, no le conviene colocar un altar en un armario. Es mucho mejor tener su altar en un lugar que visite regularmente a lo largo del día.

Una vez que tenga el lugar, puede empezar a colocar los objetos. El altar puede ser una mesa, pero también algo tan sencillo como una estantería. Cualquier superficie plana sirve, pero recuerde que está creando un lugar para honrar y adorar, así que no use el suelo como altar. Dicho esto, si tiene un lugar agradable en su casa donde pueda colocar objetos y sentarse a meditar, hágalo. La clave es pensar en lo que es adecuado para su altar y usar su intuición.

Cuando haya elegido el lugar, puede utilizar algunos de los siguientes elementos para crear su altar o santuario:

- Un cráneo o huesos para representar a todos sus ancestros muertos.
- Fotografías o imágenes de sus ancestros. Es importante que nunca ponga fotos o imágenes de quienes aún están vivos en su altar o santuario.
- **Objetos personales:** Esto responde al criterio de cada persona y los objetos varían de un altar a otro. Piense en lo que más le une con un ancestro. Algunos ejemplos son relojes, una pipa, ropa, joyas, monedas y otros objetos personales.
- **Piedras poderosas:** La piedra lunar, el cuarzo y la esmeralda son especialmente potentes para potenciar su energía psíquica cuando se comunica con los muertos. Con el tiempo, puede que descubra que funciona mejor con piedras diferentes, así que esté siempre preparado para adaptarse a lo que mejor funcione.
- **Ofrendas:** Puede dar ofrendas cuando medite o contacte con sus ancestros, así que debe tener un plato y una copa en el altar o

santuario listos para ser llenados.
- **Tierra:** Puede colocar tierra en un recipiente de su elección, pero asegúrese de que encaja con su altar. Un jarro Mason será más bonito que un recipiente de plástico. La tierra nos recuerda de dónde venimos y adónde volveremos.
- **Agua:** Dependiendo de la ubicación de su altar, puede guardar el agua en un recipiente sellado o sin sellar. Un tarro sirve para cerrarla, y puede usar un vaso de cristal o metal si quiere dejarla destapada. El agua ayuda a concentrar la energía psíquica.
- **Una vela:** Encenderá la vela cuando esté adorando o comunicándose; esto no solo ilumina el altar o santuario, sino que ayuda a concentrarse cuando lo visita.
- **Varita/Daga:** Puede usar este objeto para dirigir su energía cuando esté en su altar. Lo usará más en un altar que en un santuario.
- **Estatua de deidad:** La estatua de una deidad de los muertos o del más allá ayuda a guiar a los espíritus. No es necesario que sea una estatua; puede ser una representación de esa deidad o un objeto asociado a ella.

Meditación de los ancestros

Una vez que tiene su altar, es el momento de meditar con sus ancestros. No se preocupe si no tiene espacio para un altar y solo tiene un santuario, de todas formas, cosechará los beneficios. Como todo en la vida, se trata de pensamiento e intención. Si solo tiene espacio para un santuario y lo ha hecho lo mejor que ha podido, sus ancestros caminarán con usted por la vida.

Aquí tiene una guía paso a paso de la meditación de los ancestros:

1. Empiece siempre cada meditación poniéndose cómodo. Puede sentarse o acostarse junto a su altar, siempre que esté en una posición que permita a su mente concentrarse. También debe estar en un lugar libre de distracciones.
2. Respire profundamente para relajarse aún más. Inhale y exhale tres veces concentrándose en su respiración.
3. Cierre los ojos y exprese su intención: «Quiero conocer a mi abuelo». La declaración de intenciones puede ser cualquier cosa que desee y redactarse de la forma que quiera. Puede querer

consejo, ayuda, sabiduría, comunidad, etc.

4. Visualice un viaje hacia el interior de la tierra. Como se dijo en un capítulo anterior, sus ancestros están en el reino del mar, bajo la tierra. Piense en usted mismo bajando a la tierra, ya sea por una cueva o túnel o cualquier otra cosa que le ayude a llegar hasta su ancestro.

5. Continúe respirando con un ritmo constante.

6. Finalmente, llegará a una cueva o a un túnel subterráneo. Todavía hay vida aquí abajo, una vida que el sol no puede tocar. Tiene una vela en la mano que le ilumina el camino y lo hace sentir seguro. Aquí abajo no hay peligro. Camine por el sendero y siga concentrado en su respiración.

7. Al final del túnel, encontrará una puerta. Al abrirla, estará en un lugar elegido por su ancestro, un lugar que tiene sentido para él. Puede que vea allí a sus ancestros o alguna forma de representación de ellos. Podría ser simplemente la sensación de que están allí con usted.

8. Vuelva a exponer su intención. Anuncie por qué está allí y pida a los espíritus que le ayuden. Pida a los espíritus negativos que pasen de largo. Observe el entorno y busque a su ancestro. Puede que su aspecto sea distinto de como lo recuerda o se lo imagina. Es probable que haya realizado un viaje al más allá y haya adquirido más sabiduría.

9. Acompáñelo. Cumpla el motivo de su visita, sea cual sea.

10. Cuando haya terminado, regrese por el mismo camino, tomándose su tiempo y concentrándose en su respiración.

11. Cuando haya terminado, vuelva a abrir los ojos.

Esta es una meditación más compleja que la que hizo mientras paseaba por la naturaleza y puede que la primera vez no consiga nada. Puede que ni siquiera logre nada en la primera media docena de veces. No se preocupe. Con la práctica, la meditación vendrá a usted y estará fortaleciendo sus habilidades psíquicas cada vez que practique. No fue capaz de montar en bicicleta o dominar cualquier otra actividad al primer intento, pero llegó con el tiempo.

Esta es su primera inmersión en el plano astral. Cuando visita a sus ancestros, está pasando de este mundo al siguiente. El primer paso es asegurarse de que está conectado con sus ancestros antes de viajar al plano astral. Crear su altar o santuario es la mejor manera de hacerlo. Mantenga su altar o santuario y visítelo con regularidad para que sus ancestros estén más receptivos cuando vaya a visitarlos.

Conocer a sus guías espirituales

Hay muchos guías espirituales diferentes en el mundo druida. El druidismo es sobre la naturaleza, y la naturaleza ayuda a guiarnos. Se pueden dividir los espíritus, además de nuestros ancestros, en tres categorías: plantas, animales y hados. Las plantas son plantas, los animales son animales, y los hados son los espíritus que viven más allá del velo de nuestro mundo. Aprenderá a establecer una conexión con cada uno de ellos para que lo guíen cuando viaje más allá de este mundo y le ayuden cuando esté aquí.

Espíritus de las plantas

Cuando se trata de comunicarse con las plantas, hay muchas maneras de hacerlo. No necesariamente tiene que hablarles y escuchar una respuesta. Puede que hable con ellas y no obtenga respuesta. También puede oírlas, pero no hablar con ellas. Podría leer su energía o sus emociones, ser capaz de leer las plantas intuitivamente, utilizar herramientas para interpretarlas o leer los presagios y señales que emiten.

O también podría empezar sin nada, y eso está bien. El druidismo es un viaje; a menos que usted tenga estas habilidades por naturaleza, tendrá que aprenderlas. Algunas personas pueden comunicarse naturalmente con los espíritus de algunas maneras, pero la mayoría no puede. Entonces, ¿cómo se entra en comunión con los espíritus de las plantas? Sumérjase en la naturaleza, por supuesto. Cuanto más tiempo pase en la naturaleza, más va a conectar con los espíritus de las plantas.

A medida que desarrolle sus habilidades en relación con la naturaleza, descubrirá que es más hábil para comunicarse con los espíritus de las plantas de una determinada manera. Cuando adquiera la habilidad, cultívela con la práctica. Eso no significa que se olvide de las otras formas de comunicación. Debería trabajar en todas ellas, pero sin duda debe usar sus puntos fuertes.

Una forma estupenda de perfeccionar sus habilidades es practicar el paseo de meditación descrito en el capítulo anterior. Pasee por la naturaleza y preste atención a todo lo que le rodea. Cuanto más interactúe con la naturaleza, más le atraerán ciertas plantas o espíritus de la naturaleza. A menudo se dará cuenta de que conecta con un espíritu o se siente atraído por él cuando no está pensando directamente en él. Conecte con la naturaleza de forma consciente y decidida, pero no busque necesariamente la energía de los espíritus.

Escuche a los espíritus cuando esté en la naturaleza. Como se mencionó previamente, los árboles son poderosos en el druidismo y se encuentra mucha energía de espíritus de plantas en los árboles, especialmente en las raíces que se hunden profundamente en la tierra. Si sigue practicando sus caminatas en la naturaleza, la meditación y la atención plena, usted encontrará a sus espíritus.

Otra cosa que debe tener en cuenta, y puede resultarle divertido pensar en ello, es que los espíritus de la naturaleza son como usted o como yo. No entrará en comunión con un espíritu y encontrará las respuestas al universo. Puede que solo reciba de ellos una sensación o un problema en el que puede ayudar, o puede que simplemente le digan que tienen sed. El mensaje o la intención que reciba de un espíritu vegetal también puede llegarle después de un periodo prolongado, así que no espere una respuesta o mensajes instantáneos. A medida que cambian las estaciones, también cambian los espíritus. Algunos espíritus de plantas solo están presentes en determinadas épocas del año, mientras que otros pueden permanecer inactivos durante una temporada.

Cuando se sienta atraído por una planta, un árbol u otro espíritu de la naturaleza, siga estos pasos para crear una mayor conexión:

1. En primer lugar, elija su planta. Puede que se sienta atraído por una en especial mientras pasea por la naturaleza, interactuando con las plantas y los árboles.
2. Esté con la planta. Esto es una relación, así que esté con la planta cuando esté en la naturaleza. Es tan sencillo como sentarse con una planta o un árbol. Puede sentarse en un árbol o darle un abrazo si quiere.
3. Ábrase al espíritu de la planta. Intente sentir lo que siente la planta. ¿Quiere el espíritu de la planta que usted esté allí? Recuerde que no se trata solo de usted. ¿Está contenta o triste? ¿Puede sentir un mensaje o una intención?
4. Puede hacer una ofrenda si siente que tiene un vínculo con el espíritu de la planta. El tabaco y la salvia son buenas ofrendas; también puede cantar a la planta o tocar un instrumento.
5. Cuide de la planta si lo necesita. Si la planta está bien, puede simplemente estar con ella. Si necesita ayuda, puede reforzar su

vínculo regándola o alimentándola.

Cuando se abre a un espíritu vegetal, tiene que estar preparado para aceptar el mensaje de la forma que venga. Puede que reciba un mensaje sencillo, fácil de interpretar. Pero también es posible que el mensaje sea críptico y tenga que meditar sobre él. La meditación de los ancestros puede ayudarle a encontrar respuestas. También puede recibir una sensación, una imagen, una palabra o una canción. Puede ser una melodía, un idioma desconocido o una energía. Sea receptivo a lo que le llega y no se preocupe si no puede descifrar el significado inmediatamente. Normalmente, el mensaje que reciba será algo que le ayude. Así que, si busca respuestas en su vida, asegúrese de preguntar a los espíritus de la naturaleza y luego interprete lo que le dicen.

Animales espirituales

La mayoría de las personas en la vida tienen un animal espiritual que les ayuda a guiarse. El problema es que pocas personas saben qué es el animal espiritual o cómo utilizar el poder de su animal espiritual. Primero debe saber cuál es su animal espiritual y luego fomentar una relación con él para desbloquear su poder.

Es importante conectar con tu animal espiritual
https://pixabay.com/es/photos/lobos-wolf-pack-bosque-animales-2864647/

Puede que ya conozca a su animal espiritual. ¿Se ha sentido atraído por algún animal en concreto? ¿Ha sentido que un animal ha intentado comunicarse con usted? ¿Siente algo en su interior, pero no sabe qué es? Todas estas preguntas pueden apuntar a su animal espiritual aliado. Su animal espiritual es algo tanto interno como externo. Está ahí en momentos de necesidad, pero a menudo no lo reconocemos ni aceptamos su ayuda. Al desbloquear a su animal aliado, está desbloqueando su camino por la vida.

Hay varias maneras de descubrir a su animal espiritual; una de ellas es, sí, ¡la meditación! Aunque puede ser complicada, los guías espirituales animales ayudan con la meditación y el viaje. Podría conocer a su animal espiritual haciendo la misma meditación de viaje que hizo en la meditación ancestral, pero puede ser difícil. Un método mejor es la visualización. Medite e intente visualizar a su animal espiritual. Esto puede ser más fácil probando primero los siguientes métodos, estar presente y soñar.

Ha dado muchos paseos por la naturaleza, y ha estado atento mientras los hace. ¿Qué ha encontrado? ¿Hay un animal que viene a usted una y otra vez? Cuando presta atención a la vida, ¿aparecen animales en su día a día? ¿Aparecen en canciones, libros o películas? Preste atención a lo largo del día y tenga en cuenta los animales que aparecen con demasiada frecuencia como para ser una coincidencia. Lo mismo ocurre con los sueños. Cuando sueña, ¿sueña siempre con el mismo animal? Declare su intención antes de dormirse: «*Quiero que mi animal espiritual me visite en sueños*».

Cuanto más piense en su animal espiritual, más lo encontrará en su vida. Y, cuando conozca a su animal espiritual, podrá viajar a través de la meditación y visitarlo. Aprenda más sobre su animal espiritual. Se sabe que los perros son leales, que los halcones tienen una gran vista y que los elefantes tienen una memoria asombrosa. Cuanto mejor conozca a su animal espiritual, mejor se conocerá a sí mismo y podrá fomentar una mejor conexión utilizando el conocimiento de su guía espiritual para reaccionar mejor ante los acontecimientos de su vida. También descubrirá que visitar el plano astral (del que hablaremos más en el próximo capítulo), es más fácil una vez que ha desbloqueado su propio camino, y su espíritu animal caminará a su lado cuando abandone el plano de los mortales.

Los hados

Los hados engloban a muchos seres diferentes. Hado y hada suenan muy parecido, y hay una conexión entre ellos. Muchos seres diferentes pertenecen a la categoría de los hados, incluyendo elfos, deidades menores, elementales, espíritus de la naturaleza, multiformes y más.

Habitan en un mundo intermedio entre el mundo humano y el de los dioses y diosas. Debido a esto, pueden tener más influencia en el mundo humano y pueden dar forma a nuestras vidas.

Los antiguos druidas estaban mucho más en sintonía con los hados, así que se debe trabajar para volver a conectar con ellos. Como especie, hemos vivido lejos de los hados y eso ha generado que vivan lejos de nosotros. Buscándolos intencionalmente, podemos estar mejor preparados para la vida y para los viajes por el plano astral. Los hados son expertos en el plano astral, por lo que debemos buscarlos como guías.

Puede que los hados estén separados de nuestro mundo, pero siguen estando profundamente conectados con la naturaleza. Al sumergirse en la naturaleza, naturalmente se acerca más a los hados. Los antiguos druidas estaban más en contacto con los hados porque estaban más en contacto con su yo espiritual. Puede estar más en contacto con su yo espiritual comunicándose con sus ancestros y encontrando a su animal espiritual. Cuanto más trabaje en su espíritu, más atraerá a los hados.

Cuando busque conectar con los hados en la naturaleza, siga meditando y atento, pero declare su intención mientras camina por el bosque o junto a un río: «*Invito a las hadas y a los duendes a caminar conmigo hoy*». Repita su intención mientras camina.

También puede crear un altar para los hados. Puede montar un altar como el de los ancestros, tanto en el interior como en la naturaleza, pero en lugar de artefactos personales, puede poner ofrendas. La leche y la miel son excelentes ofrendas para los hados. Les atraen las cosas dulces, así que puede hornear algo y colocarlo también en su altar. También puede ofrendar fruta, hierbas, especias y azúcar. En lugar de un altar en el exterior, puede crear un jardín de hados.

Una vez que tenga su altar, pase tiempo en él, igual que pasaría tiempo con sus ancestros. Recuerde que busca estar en comunión con seres de otro mundo, así que le llevará tiempo. Puede que no consiga nada enseguida, pero no se rinda ni pierda la esperanza. Siga practicando y vendrán a usted; verán sus intenciones.

Puede meditar en su altar o probar el viaje para comunicarse mejor con los espíritus. Viven en el plano astral y, si puede viajar a donde están, tendrá una mejor relación. Los hados visitan a veces nuestro plano, pero tendrá más suerte si los visita usted. Practique la visita y la comunión con ellos; cuando se encuentre con ellos en el plano astral, serán más acogedores y estarán más dispuestos a guiarlo en sus viajes astrales.

Capítulo 5: Viaje al otro mundo

Es posible que haya comenzado su viaje al druidismo del cerco porque había oído hablar de la proyección astral. En el capítulo anterior, se habló del viaje ligeramente. Cuando usted hace la meditación de los ancestros, a menudo viaja en el plano astral. Este es un lugar excelente para empezar, ya que sus ancestros están allí para darle la bienvenida y ayudarle. Hay un lugar al que ir, un destino, lo que facilita mucho el proceso. Como se mencionó antes, cualquier forma de meditación druida puede no dar resultados las primeras veces, así que es una habilidad que se debe perfeccionar con proactividad.

Pasar al otro mundo es aún más difícil y no tiene sentido intentarlo hasta que haya dominado algunas otras habilidades. Si se prepara, tendrá más posibilidades de éxito. Antes de pensar siquiera en viajar al plano astral, debe concentrarse en estar en la naturaleza, crear un altar o santuario, reunirse con los espíritus, meditar en los ancestros y visualizar. También debe desbloquear su animal espiritual. El druidismo es un proceso y no algo que usted pueda conocer desde todos sus ángulos de una vez.

Por otro lado, si usted va a viajar al otro mundo, va a necesitar algunas guías. Su cuerpo no se perderá, pero si se pierde o se mete en algún peligro, se afectarán su mente y su alma. Por eso, antes de viajar al otro mundo, debe tener buenas relaciones con los espíritus de la naturaleza y los hados. También debería haber desbloqueado su espíritu animal para que lo guíe, y tendrá que haberse reunido con sus ancestros, haberlos visitado. Y no se fíe solo de estas palabras. Si está intentando decidir si está preparado o no, puede hacer esa pregunta a sus ancestros. Ellos son expertos en el otro mundo y saben cuál es el momento adecuado.

Tener a todos esos espíritus y a la naturaleza de su lado le facilitará el viaje al plano astral y la navegación cuando esté allí. El objetivo de este viaje es conocer mejor el mundo y hacer preguntas espirituales. ¿Qué le parecería si alguien se presentara en su casa y no tuviera ni idea de quién es? Podría invitarle a pasar y darle algo de comer (los druidas son muy acogedores), pero no compartiría ninguna información personal con él. Conozca a los seres y espíritus que visita antes de ir allí.

Como el proceso del viaje astral puede afectarle profundamente, tendrá que aprender a conectarse a tierra antes y después de viajar. Esto traerá su mente de vuelta al mundo físico y le ayudará a saber que ha regresado al mundo físico. Cuando inicie su viaje en el plano astral, siempre es recomendable que empiece poco a poco. Trabaje en todo lo que hemos discutido hasta ahora en este libro, trabaje en ello durante mucho tiempo y luego intente el viaje astral. Algunas personas nunca podrán hacerlo, pero si es diligente en su preparación y practica mucho, debería abrirse ante usted.

Conexión a tierra antes y después del viaje astral

La conexión a tierra es importante, no solo para el viaje astral. Cuando se usa la palabra enraizamiento, podría usarse también «atención plena». Al estar atento cuando está en la naturaleza, se está enraizando en este mundo. Se siente más parte del mundo, y eso es beneficioso de muchas maneras. No solo se da cuenta del mundo que le rodea y lo asimila, sino que se recuerda a sí mismo que este es el mundo en el que vive; este es su hogar.

La conexión a tierra puede no parecer algo importante cuando la usa para recordarse a sí mismo que está caminando por este mundo, pero es una buena práctica a la que debe dedicarse cuando quiera continuar su desarrollo dentro del plano astral. Por otro lado, la atención plena le va a ayudar a meditar en la naturaleza con más libertad, perfeccionando aún más sus habilidades. Todo esto para decir que todo está conectado. Cuando practica una habilidad, la siguiente se vuelve más fácil.

Cuando planee un viaje astral, es importante que practique la conexión a tierra antes de intentarlo. Puede hacerlo en la naturaleza o utilizando algunas de las técnicas que le mostraremos a continuación. El enraizamiento debe hacerse antes de viajar para darle un punto de partida y debe hacerse después de viajar para poner fin al viaje. Solo tenemos que fijarnos en los efectos del TEPT o los deja vu para comprender la importancia del enraizamiento.

Las personas con TEPT y otras afecciones reviven recuerdos traumáticos. Se quedan atrapados en sus mentes, y se ha demostrado que la conexión a tierra ayuda a combatir estos efectos. Aunque la proyección astral parece algo asombroso (y lo es), está viajando a un mundo del que no sabe nada, y las cosas que puede experimentar allí pueden estar más allá de su comprensión. Cuando su mente no puede comprender algo, puede pasarle factura. Por lo tanto, no solo es excelente practicar la conexión a tierra y la atención plena durante el viaje astral, sino también durante el día, cuando se inicia la proyección astral. Si ya practica la atención plena, ya tienes el hábito.

Entonces, además de estar atento a la naturaleza, ¿qué puede hacer específicamente para conectarse a tierra antes y después de viajar al otro mundo?

- Simplemente diga su nombre y algo sobre usted. Eso ayuda a traer la mente de vuelta al presente. «Me llamo John Smith, vivo en Edimburgo y esta mañana he desayunado tostadas». Decir esto en voz alta puede parecer una tontería, pero es una técnica de enraizamiento extremadamente eficaz para distraer la mente.
- Respire profundamente. Inhale y exhale diez veces, concentrándose en cada una de ellas y contándolas. Puede hacerlo con los ojos cerrados antes y después de viajar o puede concentrarse en un único punto de su habitación o de la naturaleza para centrar su mente.
- Utilice el agua. Un método consiste en beber agua fría, tragándola lentamente y sintiendo el frescor en la boca, la garganta y el estómago. Recuerde que el agua también ayuda a concentrar su energía psíquica. O puede lavarse las manos y la cara con agua fría, concentrándose en la sensación mientras lo hace. Ni siquiera es necesario que utilice agua. Puede tener a mano una bolsa de hielo u otra cosa fría para presionarla contra su cuello o su frente. No solo le calmará la sensación, sino que también podrá ser consciente de ella.

- Tranquilícese. Antes de entrar en el plano astral y después de salir de él, dígase a sí mismo dónde se encuentra. Puede hablar de su país, ciudad, dirección y habitación. Esto ayuda a su mente a salir del plano astral y volver al plano físico.
- Con los ojos aún cerrados, puede concentrarse en lo que siente su cuerpo. ¿La ropa le aprieta o le queda holgada?, ¿lo roza? ¿Tiene frío o calor? ¿Tiene el trasero entumecido por estar sentado en el suelo?
- Utilice el sonido. Si está en la naturaleza, puede escuchar los sonidos que oye a su alrededor. ¿Oye el piar de los pájaros, el viento, el murmullo del arroyo? Si está en el interior, puede hacer lo mismo, pero si está en una habitación tranquila, puede poner música o sonidos de la naturaleza y concentrarse en ellos cuando vuelva.
- Mire a su alrededor y sea consciente. Cuando vuelva al mundo físico, las cosas parecerán diferentes. Busque colores diferentes a su alrededor, busque la luz que brilla en las cosas de diferentes maneras y encuentre texturas y formas.
- Utilice una goma elástica. Colóquese una banda elástica alrededor de la muñeca y, cuando regrese del plano astral, pase el elástico suavemente por la piel, concentrándose en la sensación.
- No se trata de una lista exhaustiva, pero al leerla debería hacerse una idea del tipo de cosas que puede hacer para conectarse a tierra antes y después de viajar. Si nada de esta lista le resulta atractivo, busque lo que le funcione.

Practique la conexión a tierra cada día para sentirse más conectado con el mundo físico y, cuanto más practique, más fácil le resultará cuando llegue el momento de viajar. La conexión a tierra le ayudará a proteger su mente y a distinguir entre los dos mundos al estar más conectado a este.

Viajar al plano astral

No es por desanimarlo antes de viajar al plano astral, pero hay ciertas cosas que debe hacer antes. La primera es la conexión a tierra, y la segunda es crear algunas protecciones. Las protecciones son básicamente hechizos mágicos que le protegerán mientras viaja. Si lo piensa bien, viajar astralmente significa que está partiendo su cuerpo por la mitad. Su cuerpo se queda en este mundo, y su mente va al siguiente. Puede que se enfrente a algunos peligros allí. Esto no es para desanimarle; sólo se comenta para ayudarle a viajar sabiendo lo que le espera. Por ejemplo, si está aprendiendo a montar en bici, empieza con los pies en el suelo (conexión a tierra), y sabe que existe la posibilidad de caerse y hacerse daño, así que lleva casco (protección). Conoce los peligros, pero sigue montando en bici. Lo mismo ocurre con el viaje astral.

Uso de las protecciones antes del viaje astral

Se va de viaje al plano astral. Su cuerpo está en una habitación de su casa, e incluso puede que haya cerrado la puerta con llave. Está a salvo, ¿verdad? Lo está si toma precauciones. Está iniciando su viaje astral, así que tiene sentido que haya otros seres que puedan viajar entre mundos. De hecho, muchos espíritus pueden viajar entre el otro mundo y el mundo físico con bastante facilidad. Esos espíritus podrían muy fácilmente entrar en su cuerpo y hacer un hogar, viviendo como una especie de entidad parasitaria que drena su energía psíquica.

También podría recoger malas energías en sus viajes. El mundo de los espíritus es muy parecido al nuestro, y del mismo modo que puede recoger un autoestopista malo en sus viajes, puede haber un mal espíritu o energía que se adhiera a su mente y espíritu mientras viaja. Incluso puede que parte de su espíritu y energía sean absorbidos por el mundo astral, y que vuelva sintiéndose agotado y tal vez incapaz de viajar de nuevo.

Las protecciones pueden guardarle de todo esto. Protegen su cuerpo cuando su mente está lejos de él, impiden que su espíritu sea atraído al mundo de los espíritus sin su permiso, e impiden que las energías negativas regresen adheridas a su mente.

Voy a enseñarle dos hechizos de defensa comunes para protegerse cuando está en el otro mundo. Hay muchos más hechizos y protecciones que aprender para el viaje astral, tanto ofensivos como defensivos, y una vez que empiece, querrá investigar más sobre lo que puede hacer, pero eso está más allá del alcance de este libro. Empezaremos con algo pequeño y daremos el primer paso en su viaje, y usted puede seguir desde allí.

Hechizo de protección

Lo que necesitará: utensilios de escritura, papel, romero, lavanda, albahaca, cristales de cuarzo y algunos sobres pequeños.

1. Escriba su intención en el papel: «*Esta protección es para impedir que la energía negativa entre en mi cuerpo físico mientras viajo y para proteger mi mente*». Cuando empiece a viajar más, puede cambiar la redacción en función de adónde vaya y de lo que vea. Cree cuatro copias.
2. Coloque cada trozo de papel en un sobre y añada también las hierbas y los cristales a los sobres.
3. Cierre los sobres.
4. Coloque los sobres a su alrededor, ya sea en las esquinas de la habitación en la que se encuentra o mirando hacia los cuatro puntos cardinales.

Protección del glifo

En lugar de utilizar cuatro sobres con ingredientes en su interior, puede utilizar cuatro glifos. El glifo que vamos a utilizar es el glifo de la suerte. Consiste en tres círculos entrelazados. Simplemente dibuje los glifos en trozos de papel y colóquelos a su alrededor. También puede dibujarlos en piedras y colocarlas a su alrededor para protegerse.

Sus primeros pasos astrales

Aunque es posible que se produzcan viajes astrales espontáneos o viajes astrales en sueños (sueños lúcidos), vamos a explorar la caminata astral intencional, también conocida como experiencia fuera del cuerpo (EFC). Hay mucho que necesita saber, y lo dividiremos en pasos numerados que contienen mucha información, pero es importante saberlo todo antes de empezar. Comenzaremos con la caminata astral cerca de su cuerpo y luego veremos cómo puede caminar por el otro mundo con sus ancestros o su animal espiritual.

1. Elija un lugar desde el cual viajar. Quiere que sea un lugar familiar, para que no se sorprenda cuando deje su cuerpo. También querrá encontrar un lugar donde no le molesten. Si su cuerpo es molestado, su mente volverá a su cuerpo, y eso puede ser un shock para el sistema. Lo mejor es estar sentado o tumbado. Y debe llevar ropa cómoda. Cualquier incomodidad va a dificultar el viaje.
2. Antes de ponerse cómodo, prepare una o ambas protecciones descritas anteriormente. Es posible que haya viajado al plano astral muchas veces y nunca haya necesitado las protecciones, pero, al

igual que cuando lleva un casco para montar en bicicleta, no las necesitará hasta que las necesite.

3. Siéntese o túmbese y realice uno de los ejercicios de conexión a tierra detallados anteriormente. Es importante que realice el mismo ejercicio de conexión a tierra tanto al inicio como al final del recorrido.

4. Cierre los ojos e intente relajarse. Si ha estado practicando la meditación ancestral y la meditación en la naturaleza, esto resultará fácil. Intente despejar su mente de todos los pensamientos y concéntrese sólo en su respiración. Deje que la tensión abandone su cuerpo. No se preocupe si su mente divaga; simplemente vuelva a la respiración cada vez. Cuanto más practique, más fácil le resultará. Ni siquiera piense en que su espíritu abandona su cuerpo; deje que suceda de forma natural. Si todavía resulta difícil, puede sostener un cristal de cuarzo en la mano y sentir las vibraciones que recorren su cuerpo.

5. Con el tiempo, su mente alcanzará un estado en el que parecerá que se está quedando dormido. Esta es la parte más difícil del viaje astral. No se está quedando dormido, aunque si se permite relajarse más, su cuerpo se dormirá. Su mente está tratando de salir del cuerpo, y esto es lo que apaga el cuerpo. Necesita que su cuerpo duerma, pero que su mente se mantenga alerta. En lugar de apartar su mente de su cuerpo, deje que vague por su cuerpo. Sienta cómo su cuerpo empieza a dormir. Sea consciente de cada parte del cuerpo, de una en una, y sienta cómo empieza a descansar. Sienta cómo se separa de usted. En este estado, debe pensar que su cuerpo se separa de su mente y no que su mente abandona su cuerpo.

6. En su mente, mueva cada parte del cuerpo. Empiece por los dedos de las manos y de los pies. Visualice cómo se enroscan y desenroscan. Si ve que su cuerpo reacciona, vuelva atrás e intente encontrar el estado liminal entre la vigilia y el sueño. Siga visualizando el cuerpo en movimiento en su mente, aunque no se mueva físicamente. Muévase alrededor de todo su cuerpo, visualizándolo en movimiento mientras permanece en este estado liminal.

7. Es en este momento cuando puede sentir energía recorriendo su cuerpo, tal vez una vibración. Acéptela. Si siente esta energía, entonces lo está haciendo bien. No se excite con ella, o corre el

riesgo de activar su cuerpo. Simplemente sea consciente de ella y acéptela.

8. Cuando se sienta preparado, separe la mente del cuerpo. Debería ser capaz de visualizar la habitación en la que se encuentra. Póngase de pie y mire su cuerpo en estado hipnótico/mediático. Se recomienda que en este punto regrese a su cuerpo en el primer intento, y luego realice el enraizamiento. Quiere ir paso a paso para acostumbrarse, y sabe que ahora puede hacerlo. Después de unos cuantos intentos de práctica, puede pasar a los siguientes pasos.

9. Cuando sea capaz de separar su mente de su cuerpo, podrá empezar a viajar. Pero, antes de eso, es una buena idea confirmar que realmente está viajando y no visualizando. Muévase por la habitación y busque algo en lo que no se haya fijado antes. Estúdielo, fijándose en la forma, el color, etc. Cuando vuelva a su cuerpo y se despierte, puede buscar el objeto y comprobar si ha viajado mientras meditaba.

10. Cuando salga de su cuerpo, no vuelva a mirarlo. Este acto ayuda a aventurarse más lejos. Salga de la habitación o zona en la que se encuentre, atravesando la puerta si es necesario. No podrá interactuar con los objetos cuando esté en el plano astral.

11. Un buen lugar para visitar en el plano astral son las partes de la naturaleza por las que ha estado caminando. Cuando esté allí, puede que vea algunos espíritus de las plantas y de la naturaleza si están abiertos a aceptarle. Si ha estado en comunión con los espíritus de las plantas, es más probable que esto ocurra. Puede que vea a su espíritu animal aliado mientras viaja. Incluso puede que vea algunos de los hados u otros espíritus que viajan astralmente. Siéntase libre de interactuar con ellos si están abiertos a interactuar con usted.

12. Vaya tan lejos como se sienta cómodo, y cuando esté listo, puede volver a su cuerpo, entrando de nuevo en él. Después de esto, tómese un momento para despertar suavemente pensando en cada parte de su cuerpo y moviéndola lentamente.

13. Repita el ejercicio de conexión a tierra que realizó antes de viajar. Tómese un tiempo para procesar lo que acaba de hacer. Cuando sienta que controla completamente su cuerpo, puede continuar con su día.

Consejos para el viaje astral

- Mantenga siempre un cuaderno a su lado después de haber viajado. Cuanto más tiempo pase después del viaje, más se le olvidará, así que anote su experiencia tan pronto como termine de viajar para que pueda tener una intención en cada viaje que venga después.

- Cuando empiece a ver a su compañero espiritual animal y a los demás espíritus de la naturaleza o de los hados, podrá interactuar con ellos. Es un buen momento para preparar preguntas y problemas en los que podrían ayudarle o preguntas sobre la vida y el universo. Los espíritus saben más que nosotros y, la mayoría, quieren compartirlo con nosotros.

- Busque un guía. Su animal espiritual es una parte de usted, pero también reside en el plano astral. Cuando viaje allí e interactúe con su animal espiritual, sígalo o pídale que le guíe a lugares. Esta es la guía más segura que tendrá en su viaje astral. También puede recurrir a los espíritus de la naturaleza y de los hados para que le guíen. Sea receptivo a ellos, y no cuestione a dónde le llevan, sino por qué lo llevan. Puede que vea cosas que no quiere ver, pero el objetivo es que vea lo que necesita ver.

- Cuando sea más experto en el viaje astral, utilícelo para viajar hacia y con sus ancestros. Ya habrá practicado la meditación de los ancestros, y esto es viajar en el plano astral. Cuando alcance su estado meditativo, busque una entrada al reino del mar, o pregunte a su animal espiritual o a uno de los otros espíritus. Cuando llegue a sus ancestros, tendrá más interacción con ellos, y también podrán mostrarle lugares. Por supuesto, esto sólo funcionará si ya tiene una relación con ellos.

La proyección astral no es algo que todos harán como druida, y si usted viaja al reino astral, probablemente tomará mucho tiempo para aprender. Hay algunas personas que pasan años aprendiendo a viajar astralmente, y mi mejor consejo es que vuelva a lo que aprendió en capítulos anteriores y lo practique mucho. Permanezca en la naturaleza, esté atento, practique la meditación y sea cuidadoso y deliberado cuando llegue el momento de viajar al plano astral.

Cuando sea capaz de viajar al plano astral, encontrará mucho valor en poder hacerlo. No sólo es una experiencia liberadora, sino que también puede encontrar allí respuestas que no puede hallar en el mundo físico. Como druida del cerco, también va a encontrar allí una comunidad con otros seres que tienen valores similares. Por supuesto, también encontrará algunos que no comparten nada en común con usted, y eso también es valioso.

Practique lo básico y luego pase al viaje astral. Quién sabe, puede que incluso nos veamos allí.

Capítulo 6: Hierbas, plantas y árboles sagrados

Descubrirá más tarde que los árboles son muy importantes en el druidismo, y hay un alfabeto entero dedicado a árboles, con un árbol diferente que representa cada letra del alfabeto. Ya habrá pasado mucho tiempo en la naturaleza, y eso le dará una oportunidad de ver las hierbas, plantas, y árboles alrededor de usted, pero siempre debe esforzarse por saber más. Revisaremos algunos usos druidas comunes de algunas plantas y hierbas sagradas, pero usted siempre debe hacer su propia investigación antes de salir y recoger plantas. Y siempre debe recordar tomar lo que puede ser dado y agradecer a la naturaleza por lo que da.

Otra cosa que puede hacer es crear su propio grimorio para anotar las plantas y hierbas que utiliza, dónde las ha encontrado, qué aspecto tienen, qué sabor tienen y qué efecto producen. Puede utilizar su grimorio para plantar su propio jardín en el exterior, o en el interior de su casa si no tiene jardín. A lo largo de los años, podrá ir ampliando su grimorio a medida que cuide de sus plantas y hierbas.

También se dará cuenta de que algunas plantas y hierbas se abren más al *awen*. Hablaremos de algunos usos más adelante en este capítulo, pero las plantas y hierbas afectarán a las personas de forma diferente, así que, si siente un efecto que vincula mejor el *awen*, al mundo espiritual, o ayuda a meditar, etc., debería anotarlo e intentar incorporarlo a sus prácticas.

Los druidas utilizan hierbas y plantas
https://www.pexels.com/photo/person-holding-black-scissors-3912947/

Hierbas y plantas comunes para los druidas y sus usos

Ésta no es una lista completa de ninguna manera, y debe hacer más investigación respecto a plantas, hierbas, y árboles, especialmente los de su zona. Ser un druida es trabajar con la naturaleza, y no hay ningún subconjunto de la naturaleza sólo para druidas. Para ser un druida, usted necesita aprender sobre todas las plantas y hierbas.

Trigo

Usado para la cosecha. Puede ser usado para decorar su morada o comido en el equinoccio de otoño.

Judías

Profundas asociaciones con el inframundo y la muerte. Cuando celebre una fiesta con sus ancestros, puede ofrecerles judías en el altar ancestral e incluirlas en sus comidas.

Bardana, savia de abedul y diente de león

Los tres pueden hervirse y destilarse en elixires que pueden beberse para mejorar la salud, así que incluya algunos en su dieta y añada más cuando no se sienta bien. También pueden ayudar a conectar con el plano astral, así que beba cualquiera de las tres antes de intentar un viaje astral o meditar.

Artemisa

La artemisa se puede preparar en té, y se dice que puede inducir a la alteración de la conciencia. Esto ayuda con el viaje, así que si tiene problemas para entrar en el mundo espiritual o viajar desde su cuerpo, pruebe con un poco de té de artemisa antes de practicar.

Prímula y verbena

Si prepara y destila una o ambas, puede crear una tintura que se puede utilizar para bendecir. Prepare una infusión y espolvoréela sobre su altar.

Clavo y ajo

Ambos ayudan a alejar a los espíritus malignos, y si está viajando o recibiendo espíritus o ancestros en su casa, puede dejar dientes de ajo en el umbral de sus habitaciones para impedir que los espíritus no deseados crucen.

Bayas de enebro

Conviértalas en un perfume que se puede aplicar al cuerpo o rociar en una habitación para limpiar su aura o su espacio.

Agrimonia

Haga jabón con agrimonia para disipar las penas cuando se lave. La planta es conocida por extraer la energía negativa. Si no quiere hacer jabón con la planta, puede lavarse la cara y el cuerpo con ella.

Helecho

Cuando sea más experto en magia druida, podrá usar helechos para crear invisibilidad. Hasta entonces, puede llevar con usted un poco de helecho para no destacar y mezclarse mejor entre la multitud. Si necesita pasar desapercibido, el helecho ayudará.

Mandrágora

Seque la planta e inclúyala en un collar, un medallón o una bolsita que pueda llevar con usted. La mandrágora ayuda a limpiar el aura y a crear una sensación general de bienestar y felicidad.

Milenrama

Si tiene problemas con la adivinación, pruebe a hacer varitas adivinatorias con milenrama o a tener un poco de milenrama cerca cuando practique.

Reina de los prados

Utilícela para preparar hidromiel y bébala para aliviar el malestar estomacal. También puede poner un poco en el baño para aliviar la fiebre o los dolores.

Frambuesa

Coma las bayas y prepare té con las hojas. El té puede ser un analgésico para las parturientas, y una infusión más fuerte puede aliviar el malestar estomacal.

Manzanilla

Probablemente conozca esta planta en infusión. Puede encontrarla en la naturaleza y preparar su propia infusión secando las flores. Sirve para calmar el cuerpo y conciliar el sueño. También es beneficiosa para la digestión y ayuda con el malestar estomacal.

Hierba de la vaca

La planta se puede destilar para hacer vino, o se pueden añadir las flores a una receta de cualquier crema para la piel. Utilícela después de exponerse al sol para calmar la piel y tratar las erupciones. Se puede aplicar a las articulaciones doloridas para aliviar la inflamación y la rigidez, y el vino se puede consumir para la misma dolencia. Prepare una tintura de la raíz para aliviar el dolor de garganta.

Diente de león

El tallo y las flores pueden comerse, y las raíces pueden tostarse y prepararse en café. El diente de león ayuda a depurar el organismo y a liberar toxinas, mejorando la función hepática.

Como ocurre con cualquier alimento nuevo que se añade a la dieta, sobre todo si lo recolecta y procesa uno mismo, es esencial investigar a fondo antes de consumirlo. Las plantas y hierbas de esta lista no son peligrosas si se consumen de la forma correcta y con moderación, pero debe investigar cada una de ellas y adquirir conocimientos antes de comerlas o beberlas.

Si tiene algún problema de salud, consulte a su médico antes de añadir cualquiera de ellas a su dieta. Las hierbas y plantas de la lista son seguras para comer, pero primero mejore su conocimiento y sabiduría. Asegúrese de conocer la naturaleza antes de usarla.

Capítulo 7: Lectura del alfabeto arbóreo

Muchas lenguas antiguas empezaron como simples marcas que podrían parecerse a las letras que tenemos hoy en nuestro alfabeto, pero muchas de ellas no tenían las líneas curvas y la escritura cursiva que tienen nuestras letras. Muchas de las lenguas antiguas se basaban en líneas rectas que eran fáciles de tallar en árboles y rocas con herramientas sencillas.

Podemos diferenciar fácilmente entre las letras modernas y las runas, y es posible que ya se imagine formas en la cabeza cuando piense en las runas. El alfabeto arbóreo, también conocido como letras ogham, está formado por líneas rectas, en su mayoría verticales y horizontales, unidas y cruzadas. Hay veinte letras principales, y cada letra corresponde a un árbol, de ahí el alfabeto arbóreo. Es muy probable que esta relación se deba a dos cosas: el fuerte vínculo entre paganismo y naturaleza y el hecho de que las líneas se asemejan a árboles, con una línea principal vertical y otras líneas que se ramifican a partir de esta.

Historia del alfabeto arbóreo

Es difícil determinar con exactitud cuándo se utilizó por primera vez el alfabeto arbóreo. Se han encontrado inscripciones grabadas en árboles, herramientas, rocas y otras superficies que datan del siglo V, pero algunos estudiosos sugieren que el alfabeto se remonta a mucho antes. Como ocurre con cualquier escrito histórico, artefacto, etc., sólo podemos datarlos hasta el momento en que se descubrió que se utilizaban, pero es casi seguro que son anteriores a esa época y simplemente no se ha descubierto todavía, o las pruebas se han perdido.

En la época de los druidas existían muchas otras lenguas, y una de las teorías sobre la creación del alfabeto arbóreo es que debía utilizarse como una forma de código. Los druidas y otros paganos podían utilizar el alfabeto para comunicarse en secreto cuando lo necesitaran. También era una época en la que las invasiones eran comunes y la guerra siempre era una posibilidad. Al igual que los códigos que se crearon durante las guerras mundiales, el alfabeto arbóreo podría haberse utilizado para enviar mensajes secretos en el campo de batalla sin que el enemigo descubriera los planes y las tácticas.

Ésas son las interpretaciones modernas de la historia del alfabeto arbóreo, pero como ya se ha comentado, es probable que las letras ogham ya existieran antes de que fuera necesario utilizarlas como código, por lo que también existe la posibilidad de que se crearan de otra forma. En el folclore y en algunas religiones, existe la historia de la torre de Babel. La humanidad, en su infinita sabiduría, intentó construir una torre hacia el cielo. Sucedió cuando no existía maquinaria moderna como las grúas. No habrían alcanzado los cielos, pero los dioses decidieron castigar a la humanidad por su ignorancia y dispersaron a la gente, dándoles a todos lenguas diferentes para que no pudieran hablar entre ellos y coordinar de nuevo semejante esfuerzo.

Poco después, un erudito viajó a la torre fracasada para descubrir que todas las lenguas del mundo habían sido repartidas y no quedaba ninguna por coger. Pasó años estudiando las lenguas y tomó lo mejor de cada una, creando una lengua propia. A partir de esa lengua, creó algunas extensiones, y una de ellas se convirtió en el alfabeto arbóreo.

Sea cual sea el método de creación que elija creer, las letras están aquí y puede utilizarlas. Pero debe tener cuidado. Es cierto que las palabras tienen poder, pero eso es aún más cierto con el alfabeto arbóreo. Hay que tener cuidado con su uso, las letras a menudo se pueden utilizar en hechizos y adivinación, de lo que hablaremos en el próximo capítulo, así que asegúrese de que sabe cómo utilizarlas antes de empezar a escribir con ellas.

Las letras ogham

El alfabeto ogham se divide en veinte letras. Hay más símbolos que pueden utilizarse en adivinación, pero hablaremos de ellos en el próximo capítulo. Dentro del alfabeto, podemos dividir mejor las letras en cuatro subcategorías. Cada letra del alfabeto tiene una línea vertical, y hay una combinación de líneas horizontales. Las líneas horizontales están a la derecha, a la izquierda, en diagonal o a través. Veamos cada sección una por una.

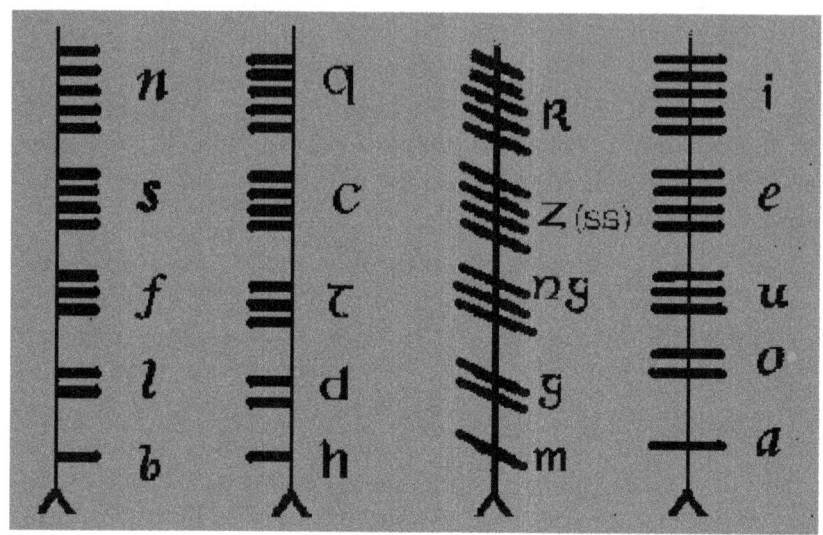

Alfabeto Ogham
El autor original fue Anárion en Wikipedia en inglés, CC BY 1.0 <https://creativecommons.org/licenses/by/1.0>, vía Wikimedia Commons https://commons.wikimedia.org/wiki/File:Oghamalfabet.gif

También veremos el uso mágico de cada letra ogham que puede aplicar cuando realice adivinación ogham, que se detallará en el siguiente capítulo.

Derecha (Líneas horizontales que comienzan en la línea vertical y corren hacia la derecha)

B (Beith)

Árbol: Abedul

Descripción: Línea vertical con una línea horizontal a la derecha.

Significado: Esta es la letra de los nuevos comienzos, el cambio y el renacimiento. También puede significar un renacimiento espiritual, una limpieza del alma. El abedul es un árbol fuerte y resistente que puede crecer casi en cualquier parte, y la madera y la corteza se utilizan a menudo en muebles duros y herramientas.

Enfoque mágico: Deshágase de lo negativo, busque el cambio y sea agradecido. Busque lo positivo, renuévese y renazca, y llene el vacío.

L (Luis)
Árbol: Serbal

Descripción: Línea vertical con dos líneas horizontales a la derecha.

Significado: Esta es la letra de la protección y la seguridad. Los serbales se utilizan a menudo en rituales y hechizos de protección, y también puede notar que si parte la baya del serbal, el interior se parece a un pentagrama, añadiendo más magia a esta letra.

Enfoque mágico: Protección, busque la sabiduría y la perspicacia, siga su intuición, sea consciente de lo que le rodea, busque lo que quiere hacerle daño y mantenga los pies en la tierra.

F (Fearn)
Árbol: Aliso

Descripción: Línea vertical con tres líneas horizontales a la derecha.

Significado: Esta letra denota el mes de marzo y está fuertemente relacionada con el equinoccio de primavera. También puede utilizarse para simbolizar un puente, tanto físico como mágico. Los alisos crecen en regiones pantanosas donde otros árboles no lo harían, lo que significa que es un árbol resistente.

Enfoque mágico: Sobrevivir donde otros no pueden construir puentes, saber quién es, encontrar la singularidad en los demás, reparar lo que está roto, dar consejos.

S (Saille)
Árbol: Sauce

Descripción: Línea vertical con cuatro líneas horizontales a la derecha.

Significado: Esta es la letra del agua, ya que los sauces suelen crecer cerca de una fuente de agua abundante. Esta letra no sólo denota crecimiento físico, sino que también fomenta el crecimiento espiritual. Es un símbolo muy utilizado en rituales de protección.

Enfoque mágico: Protección, feminidad, curación, crecimiento, emprender un viaje, estar preparado, dejarse llevar.

N (Nion)
Árbol: Fresno

Descripción: Línea vertical con cinco líneas horizontales a la derecha.

Significado: El fresno es uno de los árboles más sagrados en los círculos druidas, y esto hace que la letra sea una de las más poderosas.

Puede considerar esta letra como un vínculo entre los mundos.

Enfoque mágico: ser responsable de sus actos, conexión, unir a la gente, pensar en sus palabras y considerar la naturaleza.

Izquierda (Líneas horizontales que comienzan en la línea vertical y corren hacia la izquierda)

H (Huath)

Árbol: Espino

Descripción: Línea vertical con una línea horizontal a la izquierda.

Significado: Los espinos suelen ser espinosos y se utilizan como protección en rituales y hechizos. También puede escribir la letra en joyas para tener una protección extra, y la letra es genial cuando realiza una proyección astral. La letra también se asocia con los hados.

Enfoque mágico: Ofrece protección, comunica con los espíritus, ayuda en la fertilidad, busque ayudar a los demás y encuentre fuerza espiritual.

D (Duir)

Árbol: Roble

Descripción: Línea vertical con dos líneas horizontales a la izquierda.

Significado: Esta letra es poderosa, como el árbol que simboliza. Se puede considerar la reina de las letras, que preside todas las demás. La letra se asocia con la masculinidad y la protección.

Enfoque mágico: Ayuda en la fertilidad, masculinidad, ofrece protección, ser un líder, suerte, busque lo inesperado, encuentre oportunidades y sea resistente.

T (Tinne)

Árbol: Acebo

Descripción: Línea vertical con tres líneas horizontales a la izquierda.

Significado: El acebo se utilizaba a menudo para fabricar armas, y la letra es una letra de poder. Es otra letra protectora que puede usarse en el plano astral para alejar a los espíritus negativos.

Enfoque mágico: Las estaciones están cambiando, renacimiento, ofrecer protección a la familia, contraatacar, ser honorable y estar junto a los que le rodean.

C (Coll)
Árbol: Avellano

Descripción: Línea vertical con cuatro líneas horizontales a la izquierda.

Significado: Esta letra es la fuerza vital del alfabeto, igual que el avellano regala avellanas. Normalmente, los avellanos se encontraban cerca de aguas sagradas, así que también puede usar la letra para simbolizar eso. Es una letra poderosa en la adivinación.

Enfoque mágico: Encontrar lo sagrado, la sabiduría, ayudar en la creatividad, guiar a los que le rodean, estar en comunión con el mundo espiritual y encontrar una musa.

Q (Quert)
Árbol: Manzano

Descripción: Línea vertical con cinco líneas horizontales a la izquierda.

Significado: Las manzanas pueden significar una realización o una entrega de conocimientos, quizá un renacimiento total, como en el caso de la manzana del Edén. Las manzanas rojas también se asocian con el alimento y el amor.

Enfoque mágico: El amor floreciente, la cosecha, afrontar elecciones difíciles, saber cómo manejarse, elegir el camino, interpretar las señales.

Diagonal (Líneas horizontales que pasan por la línea vertical en una diagonal)

M (Muin)
Árbol: Vid

Descripción: Línea vertical con una línea horizontal que la atraviesa en diagonal.

Significado: Esta es una letra de verdad. Así como el vino puede hacernos hablar sin pensarlo, a menudo la letra puede invocar la verdad también. Puede usarla para encontrar la verdad, al colocarla a su alrededor le ayudará a ser más sincero, tanto con usted mismo como con los demás.

Enfoque mágico: Busque la verdad, diga la verdad y sea introspectivo. Piense antes de hablar, mire al futuro y reflexione.

G (Got)

Árbol: Hiedra

Descripción: Línea vertical con dos líneas horizontales que la atraviesan en diagonal.

Significado: Las enredaderas giran en espiral alrededor de rejas, árboles y arbustos, normalmente hacia arriba, hacia el sol. Podemos utilizar esta letra para representar nuestro crecimiento espiritual, ya que giramos en círculos, pero siempre hacia arriba. Esta letra también puede utilizarse para representar la muerte. Una hiedra seguirá viva incluso después de que haya muerto aquello en lo que crecía, al igual que nuestro espíritu seguirá vivo.

Enfoque mágico: Crecimiento, vida después de la muerte, buscar relaciones positivas, eliminar la negatividad, mirar hacia dentro y crecer, pedir ayuda y encontrar la comunidad.

nG (nGeatal)

Árbol: Carrizo

Descripción: Línea vertical con tres líneas horizontales que la atraviesan en diagonal.

Significado: Puede representar tanto la música como la batalla, ya que las cañas se utilizaban a menudo para fabricar flechas, flautas y otros instrumentos musicales. Ambos finales tienen que ver con la acción, así que use esta letra como letra de acción o para inspirarle a la acción.

Enfoque mágico: Una llamada a la acción, estar con la familia y los amigos, sanar, ser un líder, reconstruir lo que está roto, encontrar el orden, viajes espirituales y comprensión.

San (Straith)

Árbol: Espino negro

Descripción: Línea vertical con cuatro líneas horizontales que la atraviesan en diagonal.

Significado: El espino negro se asoció durante mucho tiempo con la victoria, a menudo ondeaba en los estandartes o se rezaba bajo él tras ganar una batalla. También es un árbol en el que las bayas aparecen tras la primera helada, lo que lo convierte en un símbolo de alimento cuando queda poco.

Enfoque mágico: Afrontar la adversidad, afrontar los problemas de frente, buscar lo inesperado, sorprender, superar los obstáculos y hacer cambios.

R (Ruis)
Árbol: Saúco

Descripción: Línea vertical con cinco líneas horizontales que la atraviesan en diagonal.

Significado: esta letra se utiliza a menudo en torno al solsticio de invierno. Puede añadir esta letra a las celebraciones cercanas al final del año, cuando las cosas están llegando a su fin. Pero también es una letra de renacimiento. Lo que una vez terminó renacerá de nuevo, y el gran ciclo de la vida continuará.

Enfoque mágico: Renacimiento físico y espiritual, finales, nuevos comienzos, adquirir sabiduría y conocimiento, volver a sentirse niño, seguir creciendo.

A través de (líneas horizontales que pasan rectas a través de la línea vertical)

A (Ailm)
Árbol: Olmo

Descripción: Línea vertical con una línea horizontal recta que la atraviesa.

Significado: El olmo es un árbol alto, que a menudo se eleva sobre los demás árboles de un
bosque, y esta letra representa la naturaleza escultural. Puede utilizar esta letra cuando quiera
transmitir una visión clara. Al igual que el olmo puede elevarse por encima y ver lo que ha
llegado y lo que está por llegar, usted también puede ver mejor si utiliza esta letra.

Enfoque mágico: Encontrar sentido al pasado, mirar al futuro, ser flexible, crecer espiritualmente, encontrar la sabiduría, permitir que los demás le sigan y convertirse en un líder.

O (Onn)
Árbol: Arbusto de tojo

Descripción: Línea vertical atravesada por dos líneas rectas horizontales.

Significado: Esta letra es una fuente de alimento, tanto físico como espiritual. El arbusto de tojo daba alimento a personas y animales, y a su alrededor crecían ecosistemas enteros. Los arbustos de tojo prosperan cuando se agotan para dar paso a un nuevo crecimiento, y podemos aplicar esto a nuestra vida. Cuando nos deshacemos de lo viejo, tenemos espacio para lo nuevo.

Enfoque mágico: Deshágase de la madera muerta, encuentre crecimiento y protección, siga sus sueños, emprenda un viaje y sirva de mentor a otro.

U (Uhr)
Árbol: Brezo

Descripción: Línea vertical atravesada por tres líneas rectas horizontales.

Significado: El brezo es una planta atractiva y, al igual que el brezo proporcionaría polen a las abejas, la letra puede utilizarse para denotar belleza o el don de la belleza. Se puede utilizar la letra para promover mejor la sanación o regalarla, tanto física como espiritualmente.

Enfoque mágico: Hacer un regalo, sanar, buscar la belleza, dejar ir el estrés, escuchar a su cuerpo, centrarse en su espíritu y tiempo para meditar.

E (Eadhadh)
Árbol: Álamo

Descripción: Línea vertical atravesada por cuatro líneas rectas horizontales.

Significado: Un árbol duradero y resistente que puede crecer en casi cualquier lugar. Es una letra resistente que puede combinarse con otras para potenciarlas y fortalecerlas. Es una letra de éxito y conquista. Muchos héroes de la mitología y el folclore se muestran con este símbolo.

Enfoque mágico: Mire a los hados, sea flexible, despréndase de sus preocupaciones, sea valiente, ábrase a las experiencias, olvide las posesiones materiales y emprenda un viaje.

I (Ioadhadh)
Árbol: Tejo

Descripción: Línea vertical atravesada por cinco líneas rectas horizontales.

Significado: El tejo representa la muerte, y esta puede verse como la letra de la muerte, pero no se preocupe, en los círculos druidas, la noción de muerte es simplemente una transición o cambio. Incluso cuando morimos físicamente, nuestro espíritu sigue vivo.

Enfoque mágico: Renacimiento, nueva vida, transiciones y cambio, minimizar su vida, dar la bienvenida a lo que está por venir, busque obstáculos y acepte su miedo.

Escribir con las letras Ogham

Esto es todo sobre las letras del alfabeto principal. Las letras pueden tener poder si las usa en ciertos rituales y hechizos, pero si se limita a escribir las letras para registrar pensamientos y sentimientos, no tendrá problemas. Tenga en cuenta que cuando escribe una letra, está transmitiendo algo. Escribir letras en un diario para registrar sus emociones del plano astral podría hacer precisamente eso. Tallar letras ogham en un árbol podría tener un efecto no deseado.

Verá que todas las letras del alfabeto tienen algo en común. Cada una tiene una línea vertical. Esto facilita la escritura de largas secuencias de letras. Puede dibujar una línea recta a lo largo de la página y luego añadir las líneas de ramificación para indicar las letras, dejando espacios en blanco. Con un poco de práctica, escribir y leer así puede convertirse en algo natural. Como somos una sociedad que suele escribir de izquierda a derecha, de arriba abajo, también puede poner las letras una al lado de otra. Puede dibujar una línea horizontal a lo largo de la página y luego añadir líneas verticales que representen cada letra girada.

Se necesita un poco de práctica para memorizar todas las letras y escribirlas libremente, pero al menos no hay que practicar la cursiva. Lo mejor de las letras es que podrá escribirlas con facilidad y serán fáciles de leer, por muy mala que sea su letra. Y están agrupadas por sus líneas horizontales. Es mucho más fácil aprenderlas en grupos que intentar memorizarlas en orden alfabético.

Entonces, ¿qué se puede hacer con el alfabeto?

En el próximo capítulo veremos cómo realizar adivinaciones con ellas, pero por ahora sólo tenemos que preocuparnos de la escritura básica y de algunos usos básicos de las runas.

Como ya se ha mencionado, puede utilizar las letras ogham como un alfabeto normal y usarlas para escribir en diarios o libros. No son tan rápidas como el alfabeto normal, por lo que es posible que quiera utilizar las letras para registrar pensamientos y sentimientos privados que no quiere que nadie más vea.

Las letras tienen poder, así que no se deje engañar utilizándolas para decorar, ya que pueden tener consecuencias no deseadas. Sin embargo, puede utilizarlas como runas. Utilice las letras individualmente, y úselas para representar una intención específica. Por ejemplo, cuando esté viajando al plano astral y quiera proteger su cuerpo físico, puede elegir una de las letras que denota protección y dibujarla en cuatro trozos de papel para ponerla a su alrededor. Ha creado una runa que va a protegerlo.

Puede hacer lo mismo con cualquiera de las letras. Por ejemplo, si necesita más confianza o suerte, puede tallar el duir en un collar y llevarlo alrededor del cuello. En las descripciones anteriores puede ver lo que significa cada una de las letras, y puede elegirlas en consecuencia. Sólo asegúrese de utilizar una letra cada vez. De este modo, sabrá la intención que está creando. Cuando empieza a combinar letras en runas, puede crear intenciones no deseadas.

Capítulo 8: Adivinación ogham

Puede utilizar las letras expuestas en el capítulo anterior para realizar adivinación ogham. Esto significa básicamente que usará las letras para ver el futuro, acontecimientos, posibles resultados, y cosas por venir, o ganar perspicacia y conocimiento del mundo alrededor de usted.

Como con muchas cosas en el mundo druida, usted necesitará practicar. Hacer la parte de adivinación real es fácil. Usted puede seleccionar algunas letras al azar, y ya está. Pero necesita interpretar las letras. Si saca la letra de la suerte, ¿significa que se va a venir buena suerte o mala suerte? Si saca varias runas de protección, ¿necesita protección, debe proteger a otra persona o tiene un don de protección?

Con la adivinación ogham, cuanto más practique, mejor se le dará, y cuando esté interpretando los resultados, necesita pensar sobre lo que encuentra y a menudo meditar para encontrar la respuesta. Incluso entonces, puede que no haya una respuesta fija, o que haya múltiples respuestas. Y recuerde que lo que ve está por venir y no es fijo. El futuro aún puede cambiar, y lo que ve al hacer adivinación es sólo lo que podría venir si se sigue el mismo camino.

También es importante tener en cuenta que puede que no le gusten las respuestas que obtenga. Y, cuando usted está haciendo preguntas antes de hacer la adivinación, las preguntas deben conducir a una respuesta clara y tienen la capacidad de ser contestadas fácilmente. Por ejemplo, podría preguntar cómo encontrar el amor en el futuro, pero sería inútil preguntar cuál es el significado del universo. Intente hacer preguntas más pequeñas para empezar y construir preguntas más grandes después.

Más letras ogham

Antes de empezar con la adivinación, necesitamos añadir algunas letras al alfabeto. Al igual que con el alfabeto arbóreo, estas letras están formadas por líneas rectas, con líneas que se ramifican desde el tronco principal.

Ea - Eabhadh

Dos líneas horizontales cruzan la línea vertical por el medio, una diagonal hacia arriba de izquierda a derecha y la otra diagonal hacia abajo de izquierda a derecha.

Enfoque mágico: Trabajar juntos, comunidad, resolver y reconocer las diferencias, asociación, no juzgar, justicia, sabiduría.

Oi - Oir

Cuatro líneas a cada lado forman dos triángulos equiláteros a cada lado de la línea vertical, en el centro.

Enfoque mágico: Crecimiento y cosecha, familia, honor, hacer preguntas, trabajar juntos, conexión, aconsejar a dos partes, propósito común.

Ui - Uillean

Una línea sale del centro de la línea vertical, hacia la derecha. Continúa hacia arriba, luego hacia la izquierda y después hacia abajo, sin que la línea se cruce consigo misma.

Enfoque mágico: Los secretos, lo oculto, los deseos más profundos, la curación, ver las metas, hacer realidad los sueños, mantenerse fiel, el amor, dejar atrás las distracciones.

Io - Ifin

Dos líneas diagonales comienzan debajo del centro y corren paralelas hacia la derecha y hacia arriba. Otras dos líneas diagonales comienzan por encima del centro y corren paralelas a la derecha y hacia abajo.

Enfoque mágico: Ver lo que no se ve, claridad, perspicacia, culpabilidad, conflictos no resueltos, encontrar un final, reparar relaciones, hacer enmiendas, provocar cambios, canalizar la energía.

Ae - Amhancholl

Una cuadrícula de líneas de cuatro por cuatro en forma de cuadrado se extiende desde la izquierda de la línea vertical.

Enfoque mágico: Limpieza y purificación, ayuda en el parto y la curación, deshacerse del equipaje, centrarse en lo espiritual, reconsiderar los planes y resurgir de las cenizas.

Voy a mostrar dos formas de adivinación, una con letras, que se parece mucho a una lectura del tarot, y la otra utilizando runas, como hacían los nórdicos. Aunque ambas se basan en medios diferentes, las dos utilizan las mismas letras, las 20 del capítulo anterior y las 5 de éste, y los mismos procesos. Canalizará su perspicacia y su espíritu interior hacia las letras para adivinar el significado de una pregunta. También puede no hacer una pregunta, y el mundo espiritual responderá a una pregunta que no sabía cómo hacer.

Adivinación ogham con una baraja de letras

Creación de la baraja

Lo primero que tiene que hacer es crear su mazo de cartas. Para ello, va a necesitar 25 trozos de cartulina o papel. La baraja funcionará con cualquier papel rígido, y es recomendable que busque *calidad,* ya que va a querer usar esta baraja una y otra vez; necesitará algo que dure.

Puede utilizar cartulinas de alta calidad y plastificarlas después, aunque no es obligatorio. Puede utilizar cualquier cartulina y rehacer las tarjetas cuando sea necesario, pero es mejor hacerlo una vez y tener las tarjetas durante mucho tiempo.

El siguiente paso es elegir el tamaño de las tarjetas. Puede comprarlas ya hechas o cortarlas a su medida a partir de la cartulina que tenga (yo recomiendo entre el tamaño de una carta normal y el de una carta de tarot). Elija el tamaño que prefiera.

Una vez que tenga sus tarjetas, y es mejor tener demasiadas por si se equivoca con alguna, puede empezar a dibujar los símbolos. Debería considerar dibujarlos libremente en lugar de imprimirlos, ya que crea una mejor conexión con el símbolo, pero no es obligatorio. Dibuje las 25 letras de árbol, una en cada tarjeta. También puede dibujar un diseño en el reverso, pero los reversos deben ser todos iguales para evitar dibujar inconscientemente las letras que quiera.

Cuando tenga sus 25 tarjetas, puede hacer una caja o recipiente para guardarlas.

Uso de las cartas para la adivinación

Hay dos formas de utilizar las cartas. La primera es pedir orientación general, y la segunda es pedir una respuesta a una pregunta específica.

Ambos métodos empiezan de la misma manera. Independientemente de lo que pida, debe sentarse cómodamente y empezar a barajar las tarjetas. Mientras baraja, entre en un estado de meditación consciente y atento al mundo que le rodea. Intente despejar su mente y pensar en lo que necesita que se le revele.

El primer método que puede utilizar es pedir orientación general, y ésta es una buena práctica para hacer a primera hora de la mañana. Va a hacer una pregunta del tipo: «¿Cómo debo afrontar mi día?» o «¿En qué tengo que trabajar hoy?». Siga barajando las cartas hasta que se sienta en paz y, entonces, deje de barajar y dele la vuelta a la carta superior de la baraja. Esta es la guía para su pregunta. Vuelva a consultar este capítulo o el anterior para ver qué significa esa tarjeta.

El segundo método consiste en formular una pregunta concreta. Haga la misma meditación que antes y siga barajando las cartas. Formule una pregunta concreta en su mente y, cuando esté preparado, dígala en voz alta. Puede ser algo como «¿Encontraré el amor este año?» o «¿Cómo puedo aprobar mi próximo examen?». Reparta las tres primeras tarjetas después de dejar de barajar.

Aquí es donde la cosa se complica un poco. Cada carta tiene múltiples significados, y esos significados estarán relacionados con usted, así que no puede confiar en que otra persona interprete el significado por usted. Tiene que pensar en la respuesta y actuar en consecuencia.

Por ejemplo, para la pregunta «¿Encontraré el amor este año?», puede que reciba una respuesta que hable de suerte, relaciones rotas y muerte. Cuando piense en esto, puede que llegue a la conclusión de que necesita crear una pulsera rúnica con la runa de la suerte para aumentar su suerte, necesita reparar una amistad, y eso puede que lleve a conocer a alguien, y necesita renovarse y hacer más ejercicio, aumentando su confianza y posiblemente conocerá otras personas.

Adivinación ogham con runas

Cómo crear sus runas

Para crear sus runas, va a utilizar trozos de ramas. En un mundo perfecto, sería capaz de encontrar 25 árboles diferentes, emparejándolos con las 25 letras diferentes del alfabeto arbóreo, pero no necesita hacerlo. Estaría muy bien que lo hiciera, pero no es obligatorio.

Lo que sí es obligatorio es reunir 25 ramas, o ramas que puedan dividirse en 25 trozos. No se preocupe; al final de esta sección aprenderá un truco de bajo presupuesto. Ahora bien, hay que tener en cuenta algunas cosas. Sólo debe tomar de la naturaleza lo que se da, y no debe alterar el ecosistema. Esto significa que es mejor recoger ramas que ya se hayan caído o raíces que se hayan desprendido. Lo segundo que hay que tener en cuenta es el tamaño. Las piezas deben ser un poco más gruesas que un lápiz, pero no tan largas. Debería poder tallar runas en cada una, pero todas deberían caber en una bolsa que pueda llevar con usted.

Cuando tenga los 25 trozos de madera (o menos, pero más largos), tiene que cortarlos a medida. Recórtelos todos para que tengan más o menos la misma longitud, y no se preocupe si no tienen todas exactamente la misma forma, aunque deben ser relativamente rectos.

A continuación, debe tallar o dibujar runas en cada uno de ellos, una letra por cada trozo. También puede decorar los palos añadiendo cintas o cordeles en los extremos o pintándolos. Mientras no se enreden, podrá utilizarlos fácilmente.

Cuando tenga sus 25 runas, guárdelas en una bolsa o caja para que se mantengan juntas y estén listas para usar.

Truco de bajo presupuesto: En lugar de utilizar ramas y cortarlas o comprar palos, puede utilizar palitos de helado que vaya guardando.

Uso de las runas para la adivinación

Ahora ya puede utilizar sus palos para la adivinación. Al igual que con las cartas, va a formular una pregunta de dos maneras. La primera es pedir orientación general, y la segunda es hacer una pregunta más específica.

Si pide orientación general, entre en el mismo estado meditativo que cuando pide orientación con una carta. Podría ser algo como «¿Qué debo fomentar en los demás?» o «¿A qué debo prestar atención hoy?». Cuando haga la pregunta en voz alta, busque en su bolsa o caja y saque uno de los palos. Ésa es la respuesta a su pregunta.

Para el segundo método, hay dos formas de hacerlo. Ambas requieren que medite sobre la pregunta y luego la formule: «¿Cómo puedo conseguir un ascenso en el trabajo?» o «¿Cuándo es mejor contactar con los espíritus?». Cuando formule su pregunta en voz alta, meta la mano en la bolsa o caja y saque tres palos. A continuación, tendrá que interpretarlos para llegar a su respuesta.

La segunda forma de abordar esta cuestión es formular la pregunta en voz alta y, a continuación, tirar los palos al suelo delante de usted. Mire los palos y busque patrones en su disposición que se parezcan a las letras de un árbol. Puede que encuentre más o menos de tres patrones, y no pasa nada. Utilice lo que encuentre para interpretar la respuesta a la pregunta.

Como con todo lo que vale la pena, tiene que practicar esta habilidad para mejorar. Cuando comience, quizás no podrá entender las respuestas, pero todavía no entiende del todo que es el druidismo. No se desanime. Cuanto más lo haga, más sentido tendrá. Practique la adivinación, y comenzará a hacerse cada vez más clara.

Capítulo 9: Días sagrados y cómo celebrarlos por su cuenta

Así como cualquier religión o sistema de creencia, hay días festivos y días especiales asociados con el druidismo. Sólo porque usted es un druida de cerco no significa que no puede celebrarlos solo. Usted practicante puede ser un druida de cerco y tener una comunidad alrededor que no son druidas, y podría invitarlos a celebrar con usted, o podría celebrar dentro del plano astral. Y no hay nada malo en celebrar las fiestas solo; algo de tiempo a solas puede hacer maravillas para el espíritu.

El calendario pagano está representado en La Rueda del Año, y puede pensar que la rueda está dividida por ocho radios, espaciados equitativamente. Al final de cada radio hay una fecha, y en esa fecha cae una fiesta druida. Cuatro de estas fiestas celebran las estaciones, una por cada estación, y las otras cuatro son fiestas históricas. Como las fiestas estacionales corresponden a las estaciones, encontrará que se celebran en diferentes momentos en los hemisferios norte y sur. También encontrará fiestas paganas que influyen enormemente en las fiestas de la mayoría de las religiones modernas. Puede celebrar cada una de las ocho fiestas solo o con otras personas.

La Rueda del Año incluye las siguientes fechas importantes:
- **1 - 2 de febrero:** Imbolc
- **19 - 23 de marzo:** Ostara
- **30 de abril - 1 de mayo:** Beltane

- **19 - 23 de junio** Litha/Midsummer
- **1 - 2 de agosto** Lughnasadh
- **20 - 24 de septiembre** Mabon
- **31 de octubre - 1 de noviembre** Samhain
- **19 - 23 de diciembre:** Yule

Una de las cosas más importantes que hay que saber como druida es que nada es obligatorio. Si hay algunos días festivos que usted no quiere celebrar, no necesita celebrarlos. Si quiere celebrarlos todos, adelante. En esencia, usted puede adaptar cada día de fiesta, y la mayor parte del druidismo de cerco, a usted.

La mayoría de las fiestas druidas consisten en celebrar lo que tenemos y dar gracias por la cosecha. Cuando nos fijamos en los antiguos druidas, es fácil ver por qué se celebra tanto la comida y por qué forma parte de la celebración. La comida no era tan fácil de conseguir hace cientos de años, y tener comida era una celebración en sí misma. En el nivel más básico, se puede celebrar cada una de las fiestas comiendo solo, compartiendo comida o festejando con los demás. Cada festividad está relacionada con el agradecimiento, así que puede mostrar gratitud mientras come pensando en aquello por lo que está agradecido. Es un buen hábito que debe adquirir siempre que se siente a comer.

Imbolc

Cuando se pone el sol el 1 de febrero, Imbolc ha comenzado. Es la primera fiesta del año y es el momento de empezar a celebrarla, ya que estamos a mitad de camino entre el invierno y la primavera. Piense en los antiguos druidas y en lo emocionados que debían estar por la llegada de la primavera y en cómo miraban todas las semillas que podían plantar y las plantas y flores que crecerían.

Imbolc también se conoce como la fiesta de Brigid y, como su nombre indica, puede celebrar una fiesta en esta festividad. Por supuesto, si celebra solo, puede hacer su propio festín y cocinar sólo lo suficiente para usted. Cuando celebre Imbolc, también puede honrar a la diosa Brigid ofreciéndole comida y bebida. Simplemente ponga un plato y un vaso y llene un poco ambos como gesto hacia la diosa o realice uno de los ritos o rituales que se detallan en un capítulo posterior.

Hay muchos festivales dentro del calendario druida que se consideran festivales del fuego, e Imbolc es uno de ellos. Tradicionalmente, los druidas y otros celebrantes celtas encendían un fuego para evitar el frío y la oscuridad. Por eso algunos festivales se consideran fiestas del fuego. Si quiere celebrar un acto comunitario, puede encender una hoguera (de forma segura), aunque también puede hacer una hoguera usted solo, o puede representar el fuego encendiendo una vela.

Como celebramos la mitad del invierno, esperamos la llegada del calor y de días más largos. Esta es una buena fiesta para ser introspectivo y considerar su crecimiento tanto en los años anteriores como para el año que viene. Si le gusta hacer planes para su crecimiento durante el año y más allá, puede ser una buena idea incluirlos en su celebración. Tenga preparado un diario y piense en usted mismo y en cómo quiere crecer en los próximos meses. Utilice este proceso de pensamiento como una celebración. Al igual que nuestros ancestros celebraban la llegada de la primavera, nosotros deberíamos celebrar el crecimiento de nuestro interior.

Ostara

Las fechas de Ostara cambian según el hemisferio: en el hemisferio norte se celebra en marzo, mientras que en el hemisferio sur cae en septiembre. Ostara también se conoce como el equinoccio de primavera y era un momento muy importante para nuestros ancestros. Era el comienzo de la primavera, un momento en el que podían plantar sus semillas y esperar una abundante cosecha más adelante en el año.

Quizá haya notado también que Pascua se parece mucho a Ostara, y no es una coincidencia. Gran parte de la religión ha sido tomada de tradiciones paganas, y aunque no estamos invalidando la celebración de la Pascua como fiesta religiosa, se sabe que la fecha de la celebración fue elegida para coincidir con la celebración pagana para permitir celebraciones más abiertas cuando las personas de fe eran perseguidas.

Durante Ostara también se observa un simbolismo muy similar. Los huevos se utilizan en muchas decoraciones, simbolizando el nuevo crecimiento que llega durante la primavera. El nacimiento y la eclosión de un huevo pueden compararse directamente con la siembra y la cosecha. Para decorar la casa, o incluso la mesa, se pueden utilizar huevos, cáscaras de huevo, formas de huevo y dibujos de huevos. También puede incorporar huevos a las comidas de ese día.

La celebración de Ostara debe su nombre a la diosa germánica Ostara, la diosa de la primavera. Era la que traía la primavera y por ello era venerada.

Muchos templos y lugares de culto estaban alineados con el sol y los equinoccios, e incluso es posible que encuentre cerca de usted algunas estructuras que lo estén, y puede buscarlas cuando celebre el día. Si quiere celebrarlo solo, puede estar al aire libre bajo el sol, y es tradicional madrugar para ver el amanecer e incluso quedarse fuera hasta que el sol se pone. También puede darse un festín en este día, aunque también puede optar por ayunar si quiere centrarse en la época en que los alimentos eran más escasos. Haga lo que haga, asegúrese de pasar algunos días al aire libre.

Beltane

Desde que sale el sol el 30 de abril hasta que se pone el 1 de mayo, y en el lado opuesto del calendario en el hemisferio sur, se celebra Beltane. El equinoccio de primavera queda atrás, y el solsticio de verano, delante.

Hay varias formas de celebrar Beltane. Algunos lo ven como una fiesta de los días que se alargan, de más luz y crecimiento personal. Otros relacionan la fiesta con la fertilidad, tanto en nosotros mismos como en el mundo que nos rodea. Podemos elegir intentar concebir durante Beltane si tenemos problemas de fertilidad, o podemos reconocer la fertilidad en nuestro interior en forma de ideas y pensamientos.

Al igual que escribió en Imbolc, también puede hacerlo durante Beltane. Deje que el festival despierte su imaginación y tómese su tiempo para estar a solas con usted mismo y centrarse en sus ideas. Afine sus ideas para poder hacer planes para el resto del año. O céntrese en la fertilidad que lo rodea. Puede aprovechar la celebración para plantar semillas tanto dentro como fuera de casa. Empiece a cultivar flores, hierbas o plantas.

Beltane es otra fiesta del fuego, así que puede celebrarlo con una hoguera u otra representación del fuego. En esta época del año, la gente se preocupaba por las cosechas y los animales, que eran su medio de vida. Para ahuyentar a los malos espíritus y evitar que robaran las cosechas o los animales, encendían hogueras. Cuando encienda una vela o haga una hoguera, piense en cómo puede proteger mejor a los que le rodean o incluso a usted mismo.

Puede dedicarse a la caridad en estas fechas e intentar ayudar a la gente del mundo.

Litha (solsticio de verano)

Litha, *Midsummer* y solsticio de verano son los nombres de la misma festividad. Este día suele coincidir con el 21 de junio en el hemisferio norte y con el 21 de diciembre en el hemisferio sur. Como sugiere uno de sus nombres, es la mitad del verano y también el día más largo del año.

Durante la primavera, nuestros ancestros sembraban cultivos listos para ser cosechados en otoño. El solsticio de verano marcaba el final de la temporada de siembra, y los cultivos se regaban a partir de esta fecha. Por ello, la fiesta está estrechamente relacionada con el agua. Si ha plantado algo, riéguelo este día y también los demás, y sea consciente de lo que hace. Si ha plantado frutas o verduras, dé las gracias a la tierra y al agua por cultivar los alimentos que más tarde le nutrirán.

También puede centrar sus celebraciones en el agua. Mucha gente peregrina a lugares sagrados donde hay agua, y si encuentra alguno en su zona, puede hacer el viaje usted también. Si es un druida de seto y quiere celebrarlo a solas, puede renunciar a las multitudes y visitar una masa de agua que normalmente no visitaría. Puede optar por bañarse en un lago, flotar por un río en barco o pasar el día en la playa. Cuando lo haga, agradezca al agua todo lo que le aporta.

También debe ser consciente de la llegada de la oscuridad. No hay nada que temer, pero la celebración del solsticio de verano significa que a partir de ahora los días serán más cortos. Quédese despierto hasta que se ponga el sol para aprovechar al máximo el día y vuelva a consultar el diario que escribió durante Imbolc para asegurarse de que sigue adelante con su crecimiento, ya que Litha también es una celebración de su crecimiento personal.

Lughnasadh

El solsticio de verano ha quedado atrás y se acerca el equinoccio de otoño. Esta fiesta comienza el 31 de julio, cuando el sol ya se ha puesto, y continúa hasta que el sol vuelve a ponerse el 1 de agosto. Aunque los días se acortan, ésta era una época de grandes celebraciones. Los cultivos estarían casi listos para ser cosechados, y eso significaría que habría comida para el invierno, asegurando la supervivencia.

Como nos acercamos a la cosecha, en esta época se suelen utilizar imágenes de cereales y otros cultivos. Puede utilizar hojas o mazorcas de maíz para decorar su casa. Puede hacer adornos con las cáscaras o con el trigo. Aunque nuestros ancestros no hacían palomitas, también se puede decorar con ellas.

Parte del nombre de la fiesta se traduce como reunión, y es tradicional durante este tiempo estar con la gente, así que puede invitar a gente a comer con usted, o si no quiere celebrarlo con otras personas, puede practicar su viaje astral y ver si hay otros seres o espíritus que puedan celebrarlo con usted.

Aunque no quiera tener gente cerca, puede incorporar personas a sus celebraciones. Se acerca la cosecha, y eso es un regalo. Puede simbolizarlo haciendo regalos a los demás. Puede hacer magdalenas con harina de trigo, regalar una barra de pan o un adorno hecho a mano. Y, mientras regala, piense en su propia gratitud. ¿Por qué está agradecido? ¿Qué le ha aportado este año? ¿Qué espera con ilusión? Puede anotar estos pensamientos en su diario.

Mabon

Mabon, o equinoccio de otoño, tiene lugar alrededor del 22 de septiembre en el hemisferio norte y alrededor del 22 de marzo en el hemisferio sur. Las fechas exactas pueden cambiar de un año a otro. Es la época del año en la que los días y las noches tienen la misma duración.

La fiesta es también una celebración de la cosecha. La gente ya habría recogido todos los cultivos y los habría almacenado para el invierno. La comida era abundante y parte de ella se aprovechaba en un banquete. Antiguamente, la gente se reunía y todos contribuían. Usted puede hacer lo mismo organizando una comida en la que todos traigan un plato para compartir. Si no quiere celebrarlo con otras personas, puede cocinar comida para los demás. Regale platos a familiares y amigos, llévele comida a un vecino o désela a las personas sin techo. Si tiene más de lo que necesita, puede celebrar esta fiesta agradeciendo lo que tiene y compartiéndolo.

Estamos en una época de transición hacia el invierno, así que revise de nuevo su diario y asegúrese de que ha cumplido lo que se ha propuesto. Si no es así, mire en su interior e intente averiguar por qué no. Si no lo está haciendo, no tiene que preocuparse; simplemente cambie lo que está haciendo para seguir creciendo. Después de todo, ésta es una época de transiciones y no querrá desanimarse.

Samhain

En muchas culturas, la gente celebra Halloween en esta época, alrededor del 31 de octubre en el norte y el 1 de mayo en el sur. Halloween se celebra generalmente el 31 por la noche, pero Samhain dura más. Comienza con la puesta de sol del 31 y continúa hasta la puesta de sol del 1 de noviembre. El equinoccio de otoño ha quedado atrás y empezamos a mirar hacia el invierno y a protegernos de los días cortos y la oscuridad.

Por supuesto, no necesitamos protegernos de la misma manera que lo hacían nuestros ancestros. Cuando llegaba el invierno, podía ser una época dura en la que la gente era susceptible al frío, y las amenazas podían golpear más fácilmente en la oscuridad. Es una época espiritual del año, y muchas personas se sienten más cerca de los muertos durante este tiempo. Halloween y el Día de los muertos también se celebran por estas fechas.

Es un buen momento para visitar a sus ancestros. Vuelva a visitar el altar que creo y pase un rato con los que ya no están. Asegúrese de llevarles alguna ofrenda, tal vez pan y vino. También puede practicar su viaje astral durante este tiempo, la barrera entre el mundo físico y el espiritual es más delgada.

Y el tema de la muerte no se centra sólo en ella, sino también en el cambio y el rejuvenecimiento. En primavera, estamos creciendo, pero en otoño, estamos cambiando. Revise sus planes y prepárese para revisarlos. Reflexione sobre usted mismo y piense en lo que necesita como persona.

Yule

Puede que asocie Yule con la Navidad, y se ha relacionado, pero sólo porque la Navidad ha tomado mucho prestado de Yule. Yule también se conoce como el solsticio de invierno y cae alrededor del 21 de diciembre y el 21 de junio al otro lado del mundo.

Se trata de la última fiesta o festival del año, y es un momento para mirar hacia el año siguiente. Es el día más corto del año, lo que significa que los días van a empezar a ser más largos y que la luz vuelve al mundo.

Quizá conozca el tronco de Navidad, un pastel alargado con forma de tronco. Este postre se inspira en el tronco de Navidad, que se decoraba y se colocaba en la chimenea. Algunas personas llevaban un árbol entero a su casa en lugar de sólo un tronco, y de ahí viene la tradición del árbol de Navidad.

Puede celebrar Yule trayendo un tronco a casa y decorándolo. Lo tradicional es colocar el tronco en el hogar. Si no tiene hogar, puede colocarlo en cualquier lugar de la casa, quizá sobre la mesa, mientras prepara la comida para los demás o simplemente para usted. Puede decorar el tronco con lo que quiera, pero procure que sea natural y piense en el aspecto y el olor. Puede añadirle bayas para darle color, frutos secos para el aroma y otras hierbas y especias. Cuando termine Yule, puede quemar el tronco como combustible si tiene chimenea o quemarlo en el exterior para simbolizar el final de Yule.

Celebración del Eisteddfod

Eisteddfod celebra lo que significa ser un druida bárdico. Se trata de un festival opcional, por lo que no es necesario celebrarlo si no quiere. Pero, si decide celebrarlo, puede hacerlo como parte de una comunidad o celebrarlo solo. Ni siquiera necesita celebrarlo con otros druidas si no hay ninguno cerca. Como druida del cerco, puede celebrarlo con gente de todas las creencias y credos. La fiesta no tiene connotaciones religiosas, así que todo el mundo puede participar.

El Eisteddfod es básicamente una calibración de los bardos. Quizá recuerde de algunos escritos anteriores que un bardo es alguien que puede hablar, inspirar, compartir oralmente y entretener. Eso puede parecer mucho, y puede que se esté imaginando a alguien como un bufón de la corte de antaño o a alguien de hoy con mucho talento, pero eso no tiene nada que ver con lo que realmente significa ser un bardo. Si ora, cuenta historias, lee en voz alta o algo por el estilo, ya es un bardo. Seguir la vida de bardo significa mejorar constantemente sus habilidades, así que si está haciendo eso, es un bardo druida. Y a menudo, cuando las cosas van mal, se vuelve más entretenido o tiene más espacio para mejorar.

Y, si realmente no quiere hacer nada de esto delante de nadie, puede cantar o leer u orar solo o a los espíritus. En lugar de leer un poema a un grupo de personas, puede ir a la naturaleza y leer a los espíritus. O puede sentarse en su altar ancestral y leer una historia a los que le han precedido. Incluso podría dedicar una canción o una lectura a los dioses y diosas.

¿Cómo se celebra el Eisteddfod?

Básicamente, esta celebración es una reunión de bardos para compartir canciones, historias, poemas y cualquier otro tipo de actuación. Como druida del cerco, puede que no tenga ningún otro druida con quien celebrarlo, o puede que no quiera celebrarlo con ningún otro druida. En este caso, tiene dos opciones principales. Puede invitar a no druidas a participar con usted o puede hacerlo solo. Ambas son válidas y ayudarán en su desarrollo personal.

En Gales se celebran Eisteddfods durante todo el año, y los más grandes son competitivos. No es necesario ser competitivo durante un Eisteddfod, y cuando esté empezando, no debería tener ninguna competición en el evento. A medida que progrese en su viaje, podrá ir a una competición de Eisteddfod u organizar la suya propia. Por supuesto, con cualquier cosa de esta naturaleza, la mejor actuación suele ser subjetiva, y de lo que se trata es de divertirse por encima de ganar.

Si quiere crear una comunidad a través de un Eisteddfod, una buena forma de hacerlo es alrededor de una hoguera. El escenario ya está preparado. Cuando las estrellas salen por encima, las llamas calientan a la gente y proporcionan algo de iluminación, el retablo perfecto para contar historias. El fuego es también un lugar donde a la gente le gusta naturalmente reunirse, y a menudo inspira la creatividad de las personas.

En el nivel más básico, se pueden contar historias sobre el fuego. Puede que alguna vez se haya sentado alrededor de un fuego y la gente haya contado historias una a una sin darse cuenta, y esto ya es un Eisteddfod. Pero, si es el anfitrión, debe ser más previsor y dar tiempo a la gente para que se prepare. Todo el mundo debe tener la oportunidad de interpretar algo, tan breve o tan largo como quiera. Puede leer un poema de un libro, contar una historia divertida, cantar una canción, bailar, contar chistes, representar algo o actuar de cualquier otra forma. Esta es una oportunidad para compartir, así que asegúrese de que se respeta a todo el mundo cuando comparta lo que ha traído.

No es necesario que el Eisteddfod se celebre alrededor de una hoguera; puede organizarlo donde quiera. Incluso puede combinar el festival con uno de los festivales o fiestas mencionados anteriormente como forma de celebrar la festividad, y si lo hace, puede adaptar las actuaciones a la festividad.

Si lo celebra con otras personas que no son druidas, en esencia sigue siendo un druida del cerco. Si usted es un druida del cerco, pero quiere salirse de eso y formar una comunidad druida, entonces un Eisteddfod es una gran manera de hacerlo.

Si quiere hacerlo solo, también está bien. Puede celebrar el Eisteddfod como parte de una de las otras fiestas. Puede hacerlo en casa con comida, o puede sentarse junto al fuego usted solo. A veces, la soledad ayuda a engendrar la mayor creatividad. Como está solo, no tiene que adaptar su actuación al público. Puede actuar como quiera y utilizar esta actuación como práctica para los Eisteddfods, en los que actuará delante de otras personas.

Si le preocupa cómo empezar, puede empezar leyendo un poema sencillo. Elija su poema favorito y, en lugar de leerlo internamente, léalo en voz alta. Es probable que el proceso le resulte estimulante.

Una cosa clave para recordar es que el Eisteddfod es una celebración de ser un bardo druida, así que si encuentra que no está disfrutando el proceso, entonces la vida de bardo puede no ser para usted, y no hay vergüenza en admitirlo. De hecho, muestra fortaleza para poder dejar algo atrás y enfocarse en otras zonas de su viaje druida. Si esta celebración le hace un mejor druida, continúe, y si no, intente otra cosa.

Capítulo 10: Hechizos y rituales

Una vez que se convierta en druida, podrá manipular el mundo que le rodea de muchas maneras. Ahora, antes de empezar, es importante que entienda que no va a poder crear bolas de fuego que maten dragones. Esta magia trabaja con la naturaleza y no es destructiva de ninguna manera. La manera druida es sutil y útil. Se intenta causar la menor perturbación posible.

Los hechizos son importantes para realizar la magia druida
https://unsplash.com/photos/D6sF071Cmds

Si no se siente desanimado por la falta de bolas de fuego, siga leyendo para descubrir cómo puede realizar magia druida.

Rituales

Ritual de curación del alma

Utilice este ritual para curar el dolor.

¿Alguna vez ha sentido que su alma necesitaba curación? Eso puede venir después de heridas leves en su estado físico, mental y emocional. Este ritual es una buena manera de cuidar de su espíritu y repararlo cuando sea necesario. Es un buen ritual para hacer de forma regular sólo para asegurarse de que se mantiene equilibrado.

Qué necesita: Romero, salvia, tomillo, cordel, tijeras, velas, incienso

Preparación: El romero, la salvia y el tomillo pueden ser frescos o secos, pero deben estar en ramitas. Ate los tres juntos con el cordel.

El ritual:

1. Prepare un baño.
2. Rodee la bañera con incienso y velas. Este paso es opcional, pero prepare el baño para que esté lo más cómodo posible.
3. Coloque su manojo de hierbas en la bañera.
4. Métase en la bañera, túmbese y relájese con los ojos cerrados.
5. Cante: «Romero, tomillo y salvia, aten mi pena y apártenla de mí».
6. Piense en su pena y reconózcala.
7. Pida al romero que le recuerde a la persona asociada con la pena. Puede usar sus propias palabras, y mientras habla de la persona o cosa, sienta cómo el romero lo absorbe y le da imágenes de esa persona o acontecimiento.
8. Pida a la salvia que le ayude a limpiar el sentimiento de pena, y sienta cómo la salvia absorbe el dolor mientras pronuncia las palabras en voz alta.
9. Pida al tomillo que le dé fuerzas para seguir adelante con su vida, para que pueda afrontar de nuevo acontecimientos similares con sabiduría y gracia.
10. Relájese en la bañera y deje que le invadan los sentimientos.

Ritual del equilibrio

Utilice este ritual para equilibrarse durante el equinoccio de primavera.

Se trata de un ritual que se realiza en un momento concreto del año, por lo que se recomienda hacerlo todos los años para sacarle el máximo partido. Lo va a realizar en el equinoccio de primavera, cuando el equilibrio entre la noche y el día es el mismo. Es una buena forma de centrarse y mirar hacia el futuro.

Qué necesita: Un altar (consulta el capítulo anterior sobre la creación de un altar) y ofrendas de pan o miel e hidromiel o vino.

Preparación: Tiene que encontrar un lugar donde no le molesten. Lo mejor es hacerlo al aire libre para que pueda estar bajo el sol cuando haga este ritual. Dejará el altar todo el día en el mismo lugar, así que asegúrese de que nadie tropiece con él.

El ritual:

1. Antes de que salga el sol, salga al espacio que va a utilizar y prepare el altar y las ofrendas. También puede hacerlo el día anterior si no tiene tiempo de hacerlo el mismo día.
2. Cuando disponga su ofrenda, ofrézcala a la naturaleza, utilizando para ello sus propias palabras.
3. Cuando empiece a salir el sol, reconózcalo: *«Hoy es un día de equilibrio, y empieza con la llegada de la luz. Los días empezarán a ser más largos, y eso significa que hay infinitas posibilidades ante mí».*
4. Canta «Gywar» (Guu-iar) una y otra vez mientras piensa en el poder del sol. *Gywar* se traduce como fluir.
5. Póngase al sol todo el tiempo que quiera, sintiendo cómo se baña con su luz. Sea consciente. No debe mirar fijamente al sol, sino ver lo que ilumina a medida que se eleva y observe cómo cambian los colores a medida que el sol se eleva en el cielo.
6. Si tiene tiempo, haga alguna meditación de su elección.
7. Vuelva a tiempo para la puesta de sol.
8. Cante *«Calas»* una y otra vez tantas veces como quiera. *Calas* se traduce como conexión a tierra.
9. Quítese los zapatos si aún no lo ha hecho. Sienta el suelo bajo sus pies y sea consciente de ello. La oscuridad está llegando, pero es sólo una transición, y le damos la bienvenida.
10. Termine recogiendo el altar y las ofrendas.

Ritual de curación con agua

Utilice este ritual para curarse a usted mismo y a la tierra.

Cuando esté conversando y en comunión con la naturaleza, tendrá una idea de cómo está reaccionando la naturaleza al mundo que la rodea. Este es un buen ritual para ayudar a la naturaleza a mantener el equilibrio, y también puede ayudar a curarse de cualquier dolor físico que pueda estar experimentando. Puede hacerlo en torno a cualquier fuente de agua, pero será especialmente poderoso en torno a las fuentes de agua que considere sagradas.

Qué necesita: Recipiente para el agua, hierbas y plantas de su elección.

Preparación: Es importante pasar tiempo en la naturaleza primero y ser capaz de estar en comunión con ella antes de intentar este ritual. No va a salir mal, pero puede perder el tiempo si intenta curar lo que no está roto. Dedique tiempo a encontrar las fuentes de agua que están desequilibradas antes de decidir dónde curar. Consulte también nuestra lista de plantas y hierbas sagradas, o investigue por su cuenta para decidir qué plantas y hierbas sería mejor utilizar, en función del desequilibrio que encuentre. Hierva agua y añada las hierbas. Deje enfriar el agua y colóquela en el recipiente para llevarla con usted.

El ritual:

1. Busque un lugar junto a la fuente de agua donde no le molesten.
2. Es opcional colocar un altar junto a la fuente de agua, pero asegúrese de estar en un lugar donde el altar no vaya a ser molestado.
3. Medite primero antes de continuar con este ritual. Preste atención al agua mientras se sienta junto a ella. Sienta el rocío en la cara, escuche el murmullo, observe la corriente y toque el agua para sentir su frescor. Debe sentir una conexión con la fuente de agua antes de continuar.
4. Tome dos piedras (o cualquier otro objeto) y golpéelas al compás de los latidos de su corazón. Con el tiempo, puede que note que los latidos se desvían de los suyos, y debe dejar que lo hagan. Éste es el latido del corazón del agua.
5. Vierta su tintura de agua en la fuente de agua.
6. Mientras añade el agua, recite cualquier palabra que se le venga a la mente o que crea que puede ser apropiada para la curación.

7. Introduzca la mano en el agua e intente sentir cómo la mezcla fluye hacia la fuente de agua en su conjunto. Cierre los ojos e intente ver la curación en su mente. Piense en el ecosistema como un todo y, mientras lo hace, sienta que su propio cuerpo también se cura a medida que se convierte en uno con el agua.
8. Repita el latido golpeando de nuevo las dos piedras. Puede continuar así todo el tiempo que le parezca.
9. Agradezca a la naturaleza y a los espíritus por permitirle formar parte del proceso y por darle las habilidades y herramientas para ayudar a sanar algo mucho más grande que usted.
10. Tome sus herramientas y deje el espacio tal y como lo encontró.

Ritual de bendición

Utilice este ritual para sanar y bendecir la tierra que le rodea.

Usted debe estar agradecido por lo que la naturaleza le ha dado, y debe ser una parte regular de su práctica del druidismo realizar rituales de curación y bendición. Encontrará que cuando está bendiciendo la tierra regularmente, será más fácil visitar espíritus, comulgar con la naturaleza, y estar más preparado para el viaje astral.

Lo que necesita: Ramas, hierbas, plantas, flores secas, piñas, todo caído en la naturaleza, cordel o atadura natural, un mechero, cera (opcional)

Preparación: La idea es crear un manojo que arda o humee. Todo lo que utilice debe ser natural y haber caído, así que no vaya por ahí arrancando ramitas o hierbas. Busque aquello que la naturaleza ha desechado. Coja todos los materiales naturales que haya reunido y combínelos. Quizá pueda unirlos en ramitas, pero si tiene elementos como piñas, quizá tenga que atarlos en paquetes y añadirles cera para mantenerlos unidos. También necesitará un fuego y estar al aire libre. Este es un ritual perfecto para combinar con uno de los festivales del fuego descritos en un capítulo anterior, ya que ya tendrá un fuego, pero se puede hacer en cualquier momento.

El ritual:

1. Busque su lugar. Quiere estar en la naturaleza, pero también quiere tener cuidado. Si puede encontrar un lugar con una hoguera, estupendo. Este es un gran ritual para hacer mientras acampa.
2. Encienda el fuego y espere a que se consuman las brasas.
3. Declare sus intenciones antes de añadir su manojo. Puede que quiera estar más en sintonía con la tierra, que sólo quiera bendecirla

o mostrar su gratitud por lo que la tierra le da.

4. Ponga su manojo encima de las brasas.
5. Mientras arde, observe el fuego y busque formas, símbolos o masajes que pueda interpretar. Puede que la naturaleza intente enviarle mensajes a través de las llamas.
6. Si le apetece, también puede cantar, bailar, actuar, tocar el tambor, etc.
7. Deje que el fuego se apague antes de irse, y recuerde siempre dejar el espacio tal y como lo encontró.

Hechizos

Hechizo de protección - Trenza de cebolla

Puede usar este hechizo para proteger su casa diariamente, o puede ser más intencional y hacer múltiples trenzas de cebolla para protegerse cuando esté viajando por el plano astral. *Recomendación: coloque una en cada umbral de su casa o coloque cuatro a su alrededor en los puntos cardinales si está viajando por el plano astral.*

Necesitará cebollas con la parte superior verde todavía unida y un hilo o cordel largo. Atará las cebollas una a una al hilo y a la cuerda, atando al menos siete cebollas a la cuerda. Lo importante es conjurar sus intenciones en las cebollas mientras las ata.

Si quiere proteger su casa, use sus palabras para enlazar la intención con las cebollas. Si es específicamente para protegerse mientras viaja, conjúrelo. También puede trenzar cebollas si quiere proteger a una persona, pero puede que no sea práctico para ella o para usted llevar una ristra de cebollas alrededor del cuello.

Aceite protector

Esta es una gran tintura para cuando esté viajando en el reino espiritual o cuando se sienta atacado por energía espiritual. Puede llevarlo en un frasco alrededor del cuello, aplicarlo sobre la piel o rociarlo por toda la casa. No sólo añadirá protección, sino que también olerá muy bien.

Necesitará: ¼ de taza de aceite portador de su elección (como el de jojoba), tres gotas de pachulí, tres gotas de lavanda, dos gotas de artemisa y una gota de aceite de limón.

Mezcle los aceites y, mientras lo hace, piense por qué necesita protección. Preste atención al mezclar el aceite e intente que ese pensamiento fluya hacia el aceite y se fije en él. Una vez mezclado el aceite, viértalo en un frasco o en un pulverizador si lo va a utilizar en casa, y guárdelo en un lugar oscuro y fresco.

Hechizo musical - felicidad

Si se siente infeliz en su vida o quiere inspirar felicidad en otros, puede incorporar música en el proceso. Esto es un gran hechizo si usted se siente un druida bardo, aunque usted no necesita ser adepto a la música para lanzar este hechizo. Se basa en el golpe de un tambor, y puede utilizar un tambor o cualquier otra cosa para crear el ritmo. Y no se preocupe si usted no es musical en absoluto; sólo necesita concentrarse en la intención del hechizo.

Qué necesita: Incienso, un mechero, cintas, un tambor o algo para sustituirlo.

Encienda el incienso. Puede elegir cualquier incienso que guste para este hechizo, pero debe tratar de que coincida con la persona que se va a beneficiar del hechizo. Elija el que más le guste para el hechizo o pregúntele a la persona qué le gustaría.

Ate cintas de colores al tambor o a los artículos que están sustituyendo al tambor. Esto puede parecer que no hace ninguna diferencia en el hechizo, pero la adición de colores brillantes inyecta un poco de diversión y ayuda a centrar sus intenciones.

Empiece a tocar el tambor. No hace falta que sea el mejor, pero si no encuentra un buen ritmo, intente sentir los latidos de su corazón y tocar el tambor con ellos. Si no necesita algo que le ayude con el ritmo, puede empezar con un ritmo lento que imite los latidos del corazón.

Sienta vibrar el tambor y deje que esas vibraciones suban por su cuerpo. Si el hechizo es para usted, sienta cómo las vibraciones rompen la tristeza que lleva dentro. Si es para otra persona, trate de exudar las vibraciones, y aquí es donde las intenciones importan más que el talento musical. Lo mejor de este hechizo es que puede hacerlo a distancia. Está enviando las vibraciones y la intención al mundo.

Cierre los ojos y trate de sentir los latidos. Si necesita ir más rápido o más despacio, escuche su intuición y déjese llevar. A veces, puede sentir a los espíritus de la naturaleza de los hados cantando o bailando con usted. Cuanto más se reúna con ellos, más probable será que se unan.

Investigue

Aquí sólo he mencionado algunos hechizos y rituales. Hay cientos de ellos por ahí para que los descubra, pero eso está más allá del alcance de este libro. Comience con los fundamentos del druidismo antes de sumergirse en hechizos más difíciles y poderosos. Cuanto más practique lo básico, más va a poder dominar las cosas difíciles.

Y, como la mayoría de las cosas, los hechizos y rituales no van a venir a usted inmediatamente. Puede que sí, pero es poco probable. Así que no se desanime si algo no funciona a la primera. Necesita practicar todo en la vida, y el druidismo es un viaje. De hecho, podríamos llamarlo una práctica, ya que va a estar practicándolo durante toda su vida. No hay nadie que haya dominado el arte del druidismo.

Conclusión

Así, llegamos al final del libro; ha sido bueno haberle tenido a lo largo del viaje, y espero que tome este libro una y otra vez a lo largo de su viaje y lo consulte mientras crece como druida. Sólo con llegar hasta aquí, ya ha dado pasos de gigante en su camino hacia el druidismo del cerco. Ahora sólo queda poner en práctica lo aprendido.

Usted ahora sabe un poco sobre lo que significa ser un druida y de dónde vino el druidismo. Esto le va a ayudar a entender mejor la evolución de un druida desde los tiempos antiguos hasta los tiempos modernos y también le conectará mejor con sus ancestros de la tradición. Ha visto que ser un druida hoy no es tan diferente de cómo solía ser, y todas las maneras que otras religiones y formas de vida han tomado prestado de la vida pagana.

El druidismo, de muchas maneras, se trata de vivir una buena vida y atender a la naturaleza, pero va más allá de eso, literalmente. Incluso un druida del cerco puede tener alguna comunidad, y es importante para usted considerar el mundo y la gente, pero ahora sabe que hay más que sólo lo que el ojo puede ver. Empezar su viaje druida significa más que sólo leer y hacer, hará un viaje espiritual también, y eso significa desarrollar lo que está dentro y viajes físicos o metafísicos en los mundos que yacen al lado del nuestro.

Hay mucho que asimilar en este libro, así que vuelva a leerlo una y otra vez para que absorba todo; hay algunos puntos importantes, y no todo va a venir inmediatamente.

Enviaré hechizos de felicidad todos los días con la esperanza de que alguno le llegue y le inspire en su viaje.

¡Buena suerte!

Vea más libros escritos por Mari Silva

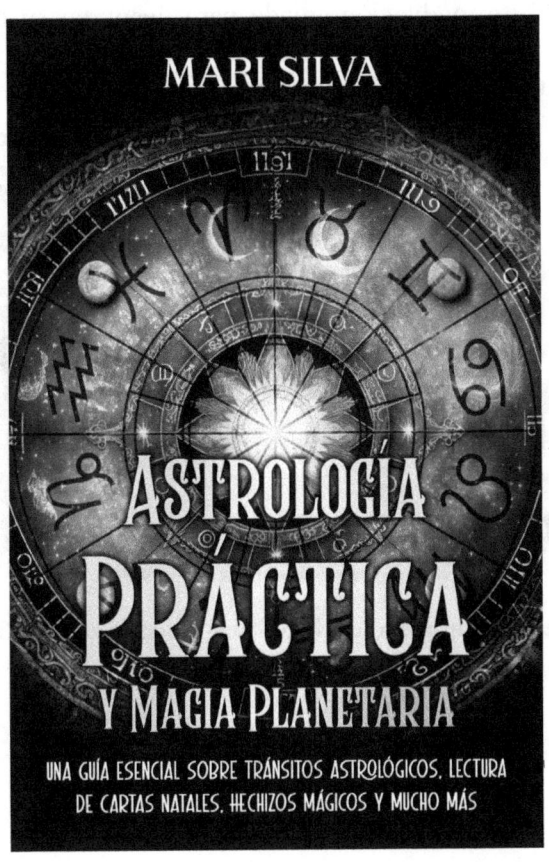

Su regalo gratuito

¡Gracias por descargar este libro! Si desea aprender más acerca de varios temas de espiritualidad, entonces únase a la comunidad de Mari Silva y obtenga el MP3 de meditación guiada para despertar su tercer ojo. Este MP3 de meditación guiada está diseñado para abrir y fortalecer el tercer ojo para que pueda experimentar un estado superior de conciencia.

https://livetolearn.lpages.co/mari-silva-third-eye-meditation-mp3-spanish/

Referencias

Beth, R. (2018). La bruja del cerco verde. The Cordwood Press.

Beth, R. (2018). El camino de la bruja del cerco: Espiritualidad mágica para el lanzador de conjuros solitario. The Cordwood Press.

Beth, R. (2018). Hechicería para brujas del cerco: Una guía para sanar nuestras vidas. The Cordwood Press.

De Varies, E. (2008). Viaje del cerco: Las brujas y el inframundo. Padraig Publishing.

Dugan, E. (2012). El jardín herbal de la bruja: Magia Verde, Herboristería y Espiritualidad. Llewellyn Worldwide.

Greenfield, T. (2014). La brujería hoy-60 años después. John Hunt Publishing.

Griffith, D. B. (2009). Lithe 2005. Lulu. Com.

Kane, A. (2021). Magia herbal: Un libro de bolsillo sobre hechizos naturales, amuletos y pociones. Wellfleet Press.

Moura, A. (2014). Hechicería verde: magia folklórica, hadas y hierbas. Llewellyn Worldwide.

Moura, A. (2020). Hechicería verde IV: Siguiendo el camino de las hadas. Llewellyn Worldwide.

Moura, A. (2003). Grimorio para la Bruja Verde: Un libro completo de las sombras (Vol. 5). Llewellyn Worldwide.

Murphy-Hiscock, A. (2006). El Camino de la Bruja Verde: Rituales, hechizos y prácticas para llevarlo de vuelta a la naturaleza. Simon and Schuster.

Murphy-Hiscock, A. (2017). La bruja verde: su guía completa a la magia natural de hierbas, flores, aceites esenciales y más. Simon and Schuster

"What is Druidry?" Druidry.org, https://Druidry.org/Druid-way/what-Druidry

"About Druidry" The Druid Network, https://Druidnetwork.org/what-is-Druidry/
"Why do we know so little about the Druids?" National Geographic
"Who were the Druids?" Historic UK, https://www.historic-uk.com/HistoryUK/HistoryofWales/Druids/
"An Introduction to the Basics of Modern Druid Practice" The Druid Network, https://Druidnetwork.org/what-is-Druidry/learning-resources/shaping-the-wheel/introduction-basics-modern-Druid-practice/
"What is Awen?" The Druids Garden, https://theDruidsgarden.com/tag/what-is-awen/
"Awen" Druidry.org, https://Druidry.org/resources/awen
"The Quest for Awen." The British Druid Order, https://www.Druidry.co.uk/awen-the-holy-spirit-of-Druidry/
"A Druid's Guide to Connecting With Nature." The Druid's Garden, https://theDruidsgarden.com/2018/07/08/a-Druids-guide-to-connecting-with-nature-part-i-a-framework/
"Walking Meditation: Druidic Being in the World." Ancient Order Of Druids In America, https://aoda.org/publications/articles-on-Druidry/walking-meditation-Druidic-being-in-the-world/
"A Druid's Meditation Primer" The Druid's Garden, https://theDruidsgarden.com/2018/02/11/a-Druids-meditation-primer/
"Lesson Four ~ The Ancestors And The Living Land." The Druid Network, https://Druidnetwork.org/what-is-Druidry/learning-resources/polytheist/lesson-four/
"Ancestral Wisdom In Contemporary Druidry." Ancient Order Of Druids In America, https://aoda.org/publications/articles-on-Druidry/ancestral-wisdom-in-contemporary-Druidry/
"The Intention Of Druid Rites" Grove Of Nova Scotia Druids
"How To Find My Your Spirit Animal" What Is My Spirit Animal, https://whatismyspiritanimal.com/how-to-find-your-spirit-animal-complete-guide/
"Astral Projection Basics." Celtic Connection, https://wicca.com/meditation/astral.html
"Grounding Exercises." Living Well, https://livingwell.org.au/well-being/mental-health/grounding-exercises/
"Pagan Holidays and Thee Wheel of the Year For Beginners." The Peculiar Brunette, https://www.thepeculiarbrunette.com/pagan-holidays-and-the-wheel-of-the-year/
"The Gaelic Tree Alphabet." Darach Social Croft, https://darachcroft.com/news/the-gaelic-tree-alphabet

"Plant Lore." The Druid Way, https://Druidry.org/Druid-way/teaching-and-practice/Druid-plant-lore

"The Use of Herbs." The Druid Network, https://Druidnetwork.org/what-is-Druidry/learning-resources/polytheist/lesson-fourteen

www.ingramcontent.com/pod-product-compliance
Lightning Source LLC
Chambersburg PA
CBHW072155200426
43209CB00052B/1265